Das große Strickmuster 1x1

Die schönsten Zopf-Muster

Das große Strickmuster 1x1

Ursula & Melanie Marxer

Die schönsten ZOPF MUSTER

Band 4

CV

Inhalt

Zopfmuster

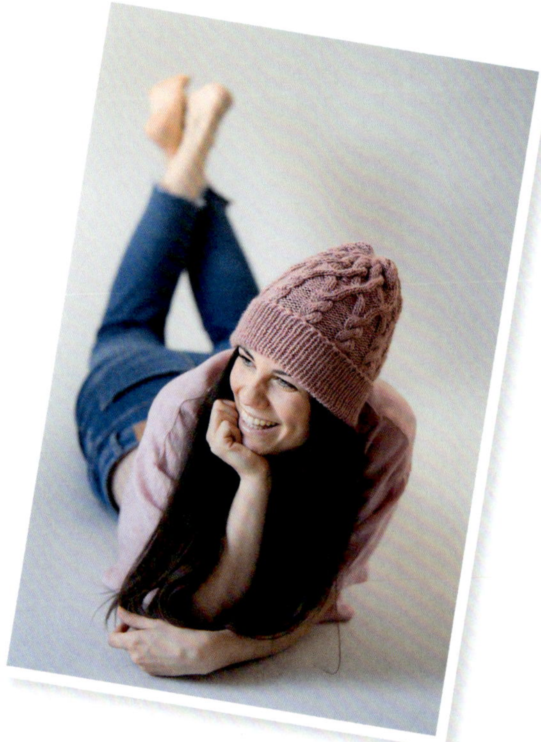

Projekte

Vorwort

Zopfmuster!

Zopfmuster empfinden wir als eines der faszinierendsten Stilmittel im Strick. Man kann dem Modell auf einfache Weise sehr viel Ausdruck verleihen und wahre Kunstwerke gestalten. Doch nicht nur für uns haben Zöpfe eine große Bedeutung. Man überlieferte früher traditionelle Muster von Generation zu Generation und so unterschieden sie sich an jedem Ort wie eine Art Wappen. Da häufig Fischer die warmen und robusten Schafswollpullover trugen, konnte man durch das Muster sogar einen ertrunkenen Seemann seiner Heimat zuordnen. Ein Stück Geschichte auf unserer Stricknadel! Wir haben das Spektrum der Muster möglichst breit gehalten: von klassischen Zöpfen bis zu modernen Varianten, von leicht zu anspruchsvoll, von clean zu verspielt, von sehr plastisch zu leichter Struktur, ein- oder mehrfarbig ... Die vielen Gesichter des Zopfs und das alles fast nur mit rechten und linken Maschen! In diesem Buch sind nicht nur einzelne Muster, sondern auch ihre Wirkung in ein Modell integriert, was oft einen ganz anderen Eindruck auf das Muster verleiht. Wir würden uns freuen, wenn – falls nicht schon geschehen – Sie Ihre Liebe zum Zopf ebenfalls entdecken würden.

Über die Autorinnen

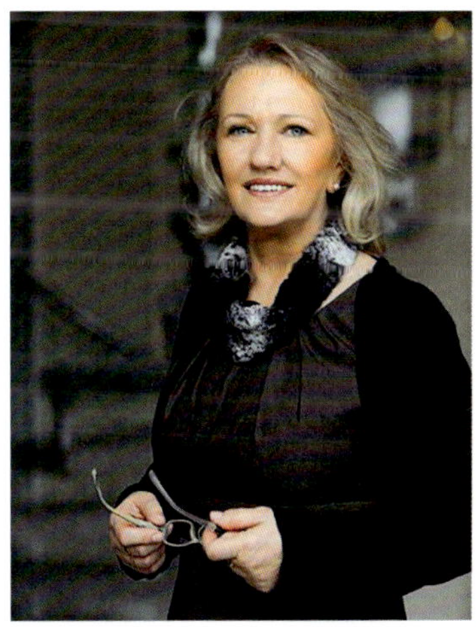

Ursula Marxer

liebt Mode und Handarbeit. Sie absolvierte ihren Abschluss als Diplom-Textilingenieurin in Kaiserslautern und arbeitete einige Jahre als Redakteurin in einem Verlag für Handarbeitsmode. In dieser Zeit lernte sie von Grund auf alles über Strickdesign und startete 1982 in die Selbstständigkeit. Wo auch immer sie ist, hält sie Ausschau nach neuen Anregungen und Ideen. Im Ausprobieren neuer Muster und Garne kann sie voll entspannen, vergisst dabei die Zeit und alles um sich herum.

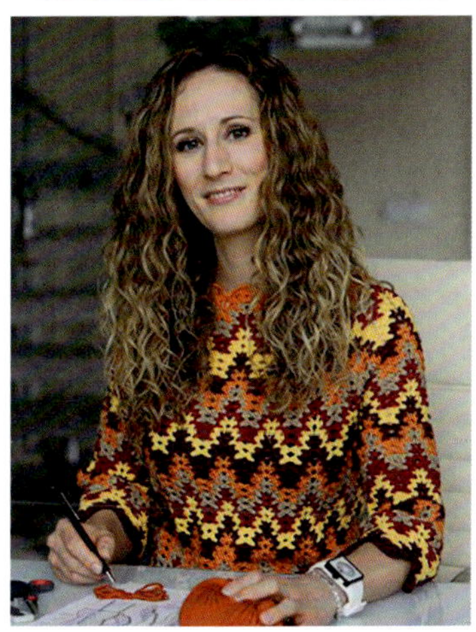

Melanie Marxer

liebte es schon als Teenager, ihre Kleidung umzugestalten oder sie komplett selbst anzufertigen. Da lag es nur nahe, dass sie in diesem Bereich ein Studium wählte und so absolvierte sie 2008 den Abschluss als Diplom-Design Ingenieurin für Mode in Mönchengladbach. Nicht lange danach startete sie in die Selbstständigkeit und entwirft seither mit ihrer Mutter Modelle rund um das Thema Strick. Am Stricken liebt sie besonders die Unabhängigkeit und Flexibilität: Einfach Nadeln und Garn in die Tasche packen ... schon kann man an jedem beliebigen Ort Lieblingsteile herstellen.

Maschen, Zöpfe und Zopfmuster

Zopfmuster entstehen, wenn man verzopfte Maschengruppen miteinander und mit anderen Maschen oder Mustern kombiniert.

Zopf

In einem Zopf tauschen in der Regel 2 Maschengruppen ihren Platz, ohne dabei in sich verdreht zu werden. Zu Hilfe nimmt man sich dafür eine weitere, kurze Nadel, üblicherweise eine spezielle Zopfnadel, mit der die 1. Maschengruppe abgehoben und ungestrickt vor oder hinter die Arbeit gelegt wird, während man die 2. Maschengruppe abstrickt, um dann die zuvor stillgelegten Maschen der Zopfnadel zu arbeiten. Legt man dabei die ersten Maschen auf der Zopfnadel vor die Arbeit, neigt sich der Zopf später nach links, legt man diese Maschen hinter die Arbeit, neigt sich der Zopf nach rechts.

Zopf nach links

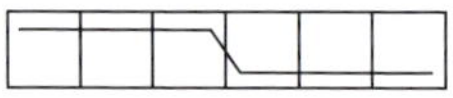

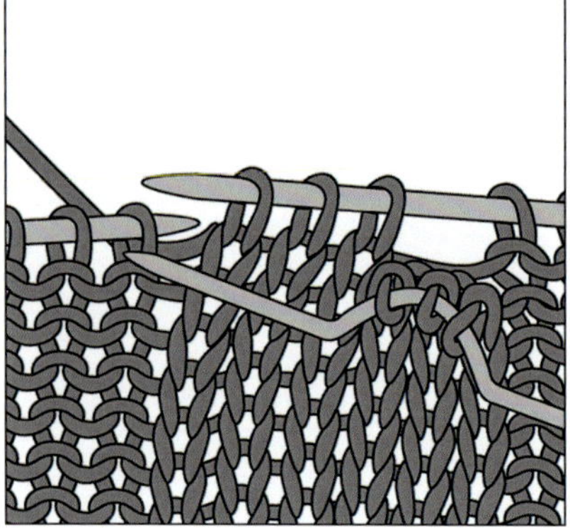

Abb. 1

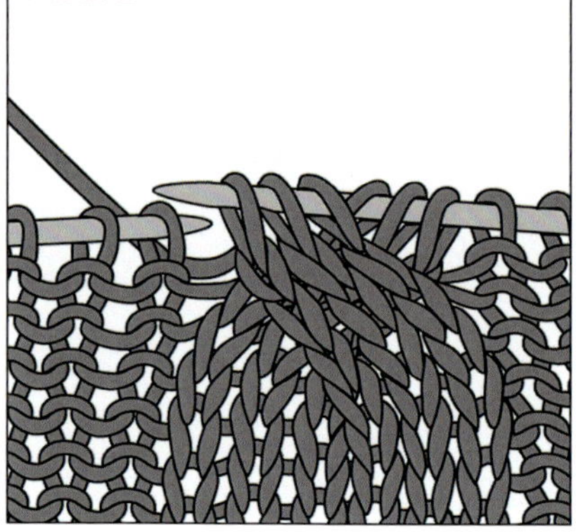

Abb. 2

Für unseren Beispielzopf 3 Maschen auf eine Zopfnadel nehmen und vor die Arbeit legen, die folgenden Maschen der linken Nadel rechts stricken. Abb 1. Dann die 3 Maschen der Zopfnadel rechts stricken. Abb 2.

Zopf nach rechts

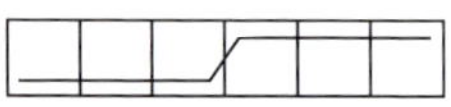

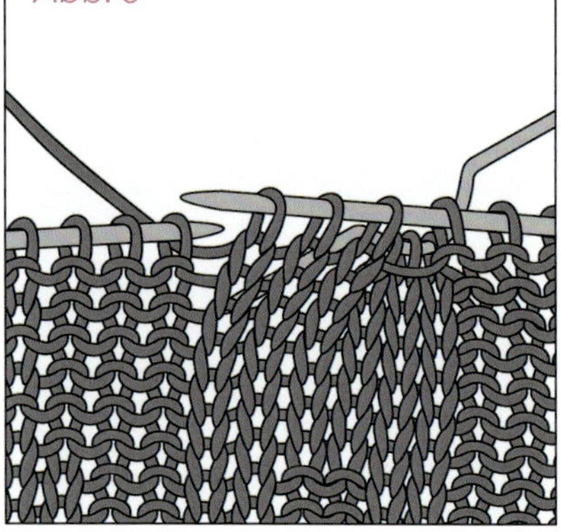

Abb. 3

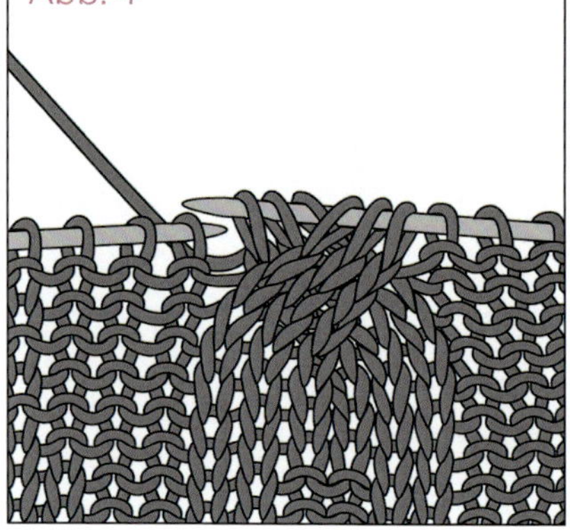

Abb. 4

Für einen nach rechts geneigten Zopf gleicher Stärke 3 Maschen auf eine Hilfsnadel heben und hinter die Arbeit legen, die folgenden 3 Maschen der linken Nadel rechts stricken. Abb 3. Dann die 3 Maschen der Zopfnadel rechts stricken. Abb 4.

Zopfsymbole und Abkürzungen für Zöpfe

Egal wie viele Maschen in einen Zopf eingestrickt werden – das Arbeitsprinzip ist immer gleich! Wichtig sind dafür nur die Informationen:

- Wie viele Maschen umfasst der gesamte Zopf?
- Wie viele Maschen werden davon auf die Zopfnadel gehoben?
- Wird die Zopfnadel vor oder hinter die Arbeit gelegt?
- Und in welchem Muster werden die Maschen der 1. und der 2. Maschengruppe gestrickt

Mit diesen Informationen lässt sich jeder Zopf stricken. Sie sollten sich also sowohl aus den Zopfsymbolen entnehmen lassen, die in den Strickschriften verwendet werden, als auch aus den Abkürzungen der Musterbeschreibungen.

Zopfsymbole

Wir unterscheiden hier nur 2 verschiedene Symbole: jeweils eins für Zöpfe, die sich nach links neigen, und eins für Zöpfe, die sich nach rechts neigen. Die Länge der beiden Ärmchen eines Symbols und der darauf oder darunter notierten Maschen gibt die Maschenzahl der beiden Maschengruppen an, also die Breite des Zopfes.

Nach links geneigter Zopf 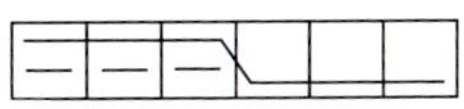

Der diagonale Balken in der Mitte des Symbols, der sogenannte Zopfbalken, zeigt von unten nach oben gelesen nach links. Er kennzeichnet einen nach links geneigten Zopf, die erste Maschengruppe muss also auf der Zopfnadel vor die Arbeit gelegt werden.

In Strickrichtung von rechts nach links gelesen gibt das Symbol vor dem Balken die 1. Maschengruppen an. So viele Maschen, wie hier notiert sind, werden auf die Zopfnadel vor die Arbeit gelegt.

Die Anzahl an Maschen hinter dem Balken gibt die 2. Maschengruppe an: so viele Maschen wie hier notiert sind, werden nun in dem angegebenen Muster gestrickt. In diesem Beispiel also 3 Maschen links.

Anschließend werden die zuvor stillgelegten Maschen der Zopfnadel in dem Muster gestrickt, in dem sie vor dem Balken stehen. In unserem Beispiel also 3 Maschen rechts.

Nach rechts geneigter Zopf 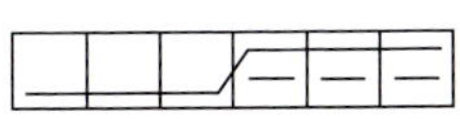

Der Zopfbalken in der Mitte des Symbols zeigt nun von unten nach oben gelesen nach rechts. Er kennzeichnet einen nach rechts geneigten Zopf, die erste Maschengruppe muss also auf der Zopfnadel hinter die Arbeit gelegt werden.

Auch hier wird vor dem Balken die 1. Maschengruppen notiert: so viele Maschen, wie hier angegeben sind, werden auf die Zopfnadel hinter die Arbeit gelegt.

Nun die Maschen der 2. Maschengruppe so stricken, wie sie hinter dem Balken notiert sind. In diesem Beispiel also 3 Maschen rechts.

Anschließend die zuvor stillgelegten Maschen der Zopfnadel in dem Muster gestrickt, in dem sie vor dem Balken stehen. In unserem Beispiel also 3 Maschen links.

Abkürzungen für Zöpfe

In unseren Abkürzungen findet man immer zuerst die **gesamte Maschenzahl des Zopfes**: ein 8er-Zopf wird über insgesamt 8 Maschen gestrickt, ein 5er-Zopf über insgesamt 5 Maschen.

In Klammern folgt dann die **Maschenzahl der 1. Maschengruppe:** wie viele Maschen werden auf der Zopfnadel vor oder hinter die Arbeit gelegt. Für einen 8erZopf (4 M vorne) werden also die ersten 4 Maschen auf einer Zopfnadel vor die Arbeit gelegt, für einen 7er Zopf (3 hinten) die ersten 3 Maschen nach hinten.

WICHTIG: Folgen nun keine weiteren Angaben mehr, werden alle Maschen des gesamten Zopfes einfach glatt rechts gestrickt - erst die Maschen der 2. Maschengruppe, dann die Maschen der Zopfnadel. Die Zopfmaschen werden in der folgenden Rückreihe links gestrickt.

Sollen die Maschen des Zopfes aber anders als glatt rechts gestrickt werden, folgt innerhalb der Klammer hinter der Information, wie viele Maschen auf der Zopfnadel vorne oder hinten stillgelegt werden, **wie die Maschen des gesamten Zopfes nun zu stricken** sind.
Für einen 8er-Zopf (5 M hinten-3re-2li-3re) werden 5 Maschen auf der Zopfnadel hinter die Arbeit gelegt, dann 3 Maschen rechts gestrickt und schließlich die 5 Maschen der Zopfnadel als 2 Maschen links und 3 Maschen rechts abgestrickt.
Verwendet werden hierfür die folgenden Abkürzungen: rechts **(re)**, links **(li)**, kraus rechts **(kr)**, rechts verschränkt **(verschr)**. Diese Abkürzungen finden sich auch in den Zeichenerklärungen des Musterteils.

Zopfmuster

Werden die Verzopfungen in regelmäßigen Abständen immer an derselben Stelle übereinander gearbeitet, entstehen Kordelzöpfe. Je mehr Maschen in die Verzopfungen hineinstrickt werden, desto breiter fallen die Zöpfe aus. Durch die Anzahl an Zwischenreihen zwischen den Verzopfungen lässt sich der Kordelzopf strecken oder stauchen. Diese Kordelzöpfe werden häufig in Zopfmustern mit Rippen aus linken Maschen oder anderen Mustern kombiniert.

Verzopfungen lassen sich für flächige oder komplexere Muster aber auch versetzt übereinander arbeiten. Kombiniert man nach rechts und nach links geneigte Zöpfe, können Web- oder Flechtstrukturen entstehen. Auch werden häufig Verzopfungen mit unterschiedlichen Neigungen und unterschiedlicher Maschenzahl kombiniert. So kann man also aus einer riesigen Fülle an Kombinationsmöglichkeiten schöpfen, um ein Zopfmuster zu kreieren.

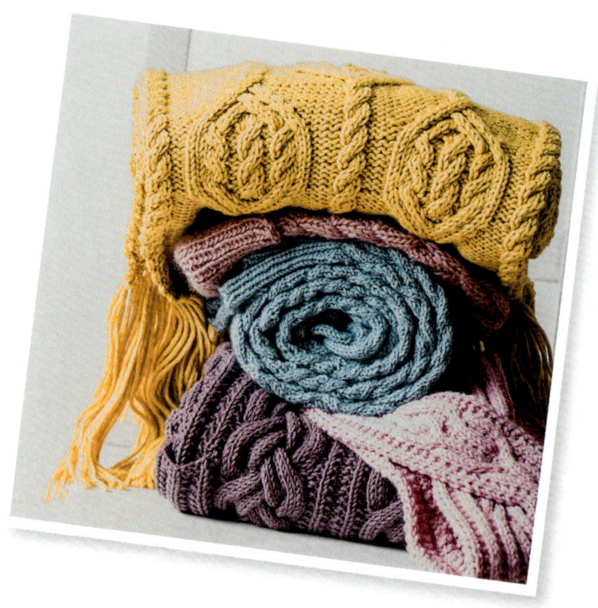

Muster und Modellanleitungen

Für jede Strickanleitung gilt: Bitte alles erst einmal durchlesen! Damit gewinnt man einen Überblick über das Projekt und wird nicht mittendrin unerwartet überrascht.

Im Musterteil werden alle Zopfmuster sowohl durch ihre Strickschrift als auch durch ausgeschriebene Textanleitung beschrieben. Beide Darstellungen können sich bei Unklarheiten gut ergänzen.
Bei jedem Muster werden die Maschenzahl des Rapports, dann die Anfangs- und Endmaschen und die beiden Randmaschen angegeben, und schließlich, welche Reihen wiederholt werden. Damit lässt sich das Muster auch leicht für eigene Strickprojekte verwenden.

Verläuft ein Rapport mitten durch einen Zopf, kann es manchmal sinnvoll sein, den Rapport innerhalb von Strickschrift oder Text zu verschieben. Die Arbeitsweise ändert sich nicht.

Stricken nach ausgeschriebenem Text

Im Text werden die Muster Reihe für Reihe und Masche für Masche ausgeschrieben. Der Rapport steht zwischen Sternchen * *, kleinere Wiederholungen zwischen [ ], dann folgt die Angabe, wie oft wiederholt wird. Abschließend findet man noch die Angabe, welche Reihen in der Höhe wiederholt werden.

Stricken nach Strickschrift

In Strickschriften werden je nach besserer Übersichtlichkeit entweder Hin- und Rückreihen gezeichnet oder nur Hinreihen mit zusätzlichen Angaben, wie die Rückreihen gearbeitet werden. Die Maschen sind so gezeichnet, wie sie im Muster erscheinen. Dann kann die Bedeutung einiger Maschen in Hin- und Rückreihen unterschiedlich sein: Eine in Hin- und Rückreihen rechts gezeichnete Masche ergibt dann ein glatt rechtes Maschenbild. Werden keine Rückreihen notiert, beschreibt die Zeichenerklärung unter der Strickschrift, wie eine für die Hinreihe notierte Masche in der direkt folgenden Rückreihe gestrickt wird.

Strickschriften immer in Strickrichtung lesen, also Hinreihen von rechts nach links und Rückreihen von links nach rechts. Man kann sich dabei leicht an der Position der Reihennummer orientieren. Ziffern rechts neben der Strickschrift markieren Hinreihen, Ziffern links neben der Strickschrift Rückreihen. Bei Strickschriften für ein in Runden gestricktes Muster stehen alle Ziffern auf der rechten Seite.

In Hinreihen mit der Randmasche und den Maschen vor dem rechten Pfeil beginnen, dann den Rapport zwischen den Pfeilen wiederholen und mit den Maschen nach dem linken Pfeil enden. In allen Rückreihen die Strickschrift entsprechend von links nach rechts lesen. Unter der Strickschrift wird angegeben, welche Reihen wiederholt werden.

Musterdarstellungen im Modellteil und Musterteil

Im Musterteil werden alle vorgestellten Muster in Hin- und Rückreihen in ihrer Grundform gerade hoch mit Randmaschen beschrieben. Der Modellteil zeigt dann, was man aus diesen Grundmustern machen kann oder wie sie in einem Modell mit eigener Formgebung eingesetzt werden können. Diese Beispiele dürfen gerne animieren, selbst mit den Mustern kreativ zu werden!

Folgende Abkürzungen werden verwendet:

M = Masche oder Maschen
R = Reihe oder Reihen
Rd = Runde oder Runden
rechts zusammen = rechts zusammenstricken
ZN = Zopfnadel (nur in den Zeichenerklärungen)

Alle verwendeten Zopfsymbole zum Nachschlagen

= **2er-Zopf (1 M hinten-1re verschr-1li):** 1 Masche auf einer Zopfnadel hinter die Arbeit legen, 1 Masche rechts verschränkt, dann die Masche der Zopfnadel links; in Rückreihen 1 Masche links, 1 Masche rechts

= **2er-Zopf (1 M vorne-1li-1re verschr):** 1 Masche auf einer Zopfnadel vor die Arbeit legen, 1 Masche links, dann die Masche der Zopfnadel rechts verschränkt; in Rückreihen 1 Masche links, 1 Masche rechts

= **3er-Zopf (1 M hinten):** 1 Masche auf einer Zopfnadel hinter die Arbeit legen, 2 Maschen rechts, dann die Masche der Zopfnadel rechts; in Rückreihen 3 Maschen links

= **3er-Zopf (2 M hinten-1re verschr-1li-1re verschr):** 2 Maschen auf einer Zopfnadel hinter die Arbeit legen, 1 Masche rechts verschränkt, dann die 2 Maschen der Zopfnadel: 1 M links, 1 M rechts verschränkt; in Rückreihen 1 Masche links, 1 Masche rechts, 1 Masche links

= **3er-Zopf (1 M hinten-2re-1li):** 1 Masche auf einer Zopfnadel hinter die Arbeit legen, 2 Maschen rechts, dann die Masche der Zopfnadel links; in Rückreihen 1 Masche rechts, 2 Maschen links

= **3er-Zopf (2 M vorne):** 2 Maschen auf einer Zopfnadel vor die Arbeit legen, 1 Masche rechts dann die 2 Maschen der Zopfnadel rechts stricken; in Zwischenrunden 3 Maschen rechts

= **3er-Zopf (1 M vorne-1re verschr-1li-1re verschr):** 1 Masche auf einer Zopfnadel vor die Arbeit legen, 1 Masche rechts verschränkt, 1 Masche links, dann die Masche der Zopfnadel rechts verschränkt; in Rückreihen 1 Masche links, 1 Masche rechts, 1 Masche links

= **3er-Zopf (2 M vorne-1li-2re):** 2 Maschen auf einer Zopfnadel vor die Arbeit legen, 1 Masche links, dann die 2 Maschen der Zopfnadel rechts; in Rückreihen 2 Maschen links, 1 Masche rechts

= **3er-Überzugzopf:** 1 Masche wie zum Rechtsstricken abheben, 2 Maschen rechts, dann die abgehobene Masche über die letzten 2 Maschen ziehen; in Rückreihen 1 Masche links, 1 Umschlag, 1 Masche links (durch den Umschlag in der Rückreihe gleicht sich die Maschenzahl wieder aus)

= **4er-Zopf (2 M hinten):** 2 Maschen auf einer Zopfnadel hinter die Arbeit legen, 2 Maschen rechts, dann die 2 Maschen der Zopfnadel rechts; in Rückreihen 4 Maschen links

= **4er-Zopf (2 M hinten-2re-2li):** 2 Maschen auf einer Zopfnadel hinter die Arbeit, 2 Maschen rechts, dann die 2 Maschen der Zopfnadel links; in Rückreihen 2 Maschen rechts, 2 Maschen links

= **4er-Zopf (2 M hinten-2re-2kr):** 2 Maschen auf einer Zopfnadel hinter die Arbeit legen, 2 Maschen rechts, dann die 2 Maschen der Zopfnadel rechts; in Rückreihen 2 Maschen rechts, 2 Maschen links

= **4er-Zopf (1 M hinten):** 1 Masche auf einer Zopfnadel hinter die Arbeit legen, 3 Maschen rechts, dann die Masche der Zopfnadel rechts; in Rückreihen 4 Maschen links

= **4er-Zopf (1 M hinten-3re-1li):** 1 Masche auf der Zopfnadel hinter die Arbeit legen, 3 Maschen rechts, dann die Maschen der Zopfnadel links; in Rückreihen 1 Masche rechts, 3 Maschen links

= **4er-Zopf (2 M vorne):** 2 Maschen auf einer Zopfnadel vor die Arbeit legen, 2 Maschen rechts, dann die 2 Maschen der Zopfnadel rechts; in Rückreihen 4 Maschen links

= **4er-Zopf (2 M vorne-2kr-2re):** 2 Maschen auf einer Zopfnadel vor die Arbeit legen, 2 Maschen rechts, dann die 2 Maschen der Zopfnadel rechts; in Rückreihen 2 Maschen links, 2 Maschen rechts

= **4er-Zopf (3 M vorne):** 3 Maschen auf einer Zopfnadel vor die Arbeit legen, 1 Masche rechts, dann die 3 Maschen der Zopfnadel rechts; in Rückreihen 4 Maschen links

= **4er-Zopf (2 M vorne-2li-2re):** 2 Maschen auf einer Zopfnadel vor die Arbeit legen, 2 Maschen links, dann die 2 Maschen der Zopfnadel rechts; in Rückreihen 2 Maschen links, 2 Maschen rechts

= **4er-Zopf (3 M vorne-1li-3re):** 3 Maschen auf einer Zopfnadel vor die Arbeit legen, 1 Masche links, dann die 3 Maschen der Zopfnadel rechts; in Rückreihen 3 Maschen links, 1 Masche rechts

= **6er-Zopf (3 M hinten):** 3 Maschen auf einer Zopfnadel hinter die Arbeit legen, 3 Maschen rechts, dann die 3 Maschen der Zopfnadel rechts; in Rückreihen 6 Maschen links

= **6er-Zopf (3 M hinten-3 Pastellgrau-3 Bordeaux):** 3 Maschen auf einer Zopfnadel hinter die Arbeit legen, 3 Maschen rechts in Pastellgrau, dann die 3 Maschen der Zopfnadel rechts in Bordeaux; in Rückreihen 3 Maschen links in Bordeaux, 3 Maschen links in Pastellgrau

= **6er-Zopf (3 M hinten-3 Bordeaux-3 Pastellgrau):** 3 Maschen auf einer Zopfnadel hinter die Arbeit legen, 3 Maschen rechts in Bordeaux, dann die 3 Maschen der Zopfnadel rechts in Pastellgrau; in Rückreihen 3 Maschen links in Pastellgrau, 3 Maschen links in Bordeaux

= **6er-Zopf (4 M hinten):** 4 Maschen auf einer Zopfnadel hinter die Arbeit legen, 2 Maschen rechts, dann die 4 Maschen der Zopfnadel rechts; in Rückreihen alle 6 Maschen links

= **6er-Zopf (4 M hinten-2re-2kr-2re):** 4 Maschen auf einer Zopfnadel hinter die Arbeit legen, 2 Maschen rechts, dann die 4 Maschen der Zopfnadel rechts; in Rückreihen 2 Maschen links, 2 Maschen rechts, 2 Maschen links

= **6er-Zopf (4 M hinten-2re-2li-2re):** 4 Maschen auf einer Zopfnadel hinter die Arbeit legen, 2 Maschen rechts, dann die 4 Maschen der Zopfnadel: 2 Maschen links, 2 Maschen rechts; in Rückreihen 2 Maschen links, 2 Maschen rechts, 2 Maschen links

= **6er Zopf (3 M hinten-3kr-3re):** 3 Maschen auf einer Zopfnadel hinter die Arbeit legen, 3 Maschen rechts, dann die 3 Maschen der Zopfnadel rechts; in Rückreihen 3 M links, 3 M rechts

= **6er Zopf (3 M hinten-3re-3kr):** 3 Maschen auf einer Zopfnadel hinter die Arbeit legen, 3 Maschen rechts, dann die 3 Maschen der Zopfnadel rechts; in Rückreihen 3 Maschen rechts, 3 M links

= **6er-Zopf (3 M vorne):** 3 Maschen auf einer Zopfnadel vor die Arbeit legen, 3 Maschen rechts, dann die 3 Maschen der Zopfnadel rechts; in Rückreihen 6 Maschen links

= **6er-Zopf (3 M vorne-3 Pastellgrau-3 Bordeaux):** 3 Maschen auf einer Zopfnadel vor die Arbeit legen, 3 Maschen rechts in Pastellgrau, dann die 3 Maschen der Zopfnadel rechts in Bordeaux; in Rückreihen 3 Maschen links in Bordeaux, 3 Maschen links in Pastellgrau

= **6er-Zopf (3 M vorne-3 Bordeaux-3 Pastellgrau):** 3 Maschen auf der Zopfnadel vor die Arbeit legen, 3 M rechts in Bordeaux, dann die 3 Maschen der Zopfnadel rechts in Pastellgrau; in Rückreihen 3 Maschen links in Pastellgrau, 3 Maschen links in Bordeaux

= **6er-Zopf (2 M vorne-2re-2li-2re):** 2 Maschen auf einer Zopfnadel vor die Arbeit legen, 2 Maschen rechts und 2 Maschen links, dann die 2 Maschen der Zopfnadel rechts; in Rückreihen 2 Maschen links, 2 Maschen rechts, 2 Maschen links

= **6er Zopf (3 M vorne-3re-3kr):** 3 Maschen auf einer Zopfnadel vor die Arbeit legen, 3 Maschen rechts, dann die 3 Maschen der Zopfnadel rechts; in Rückreihen 3 Maschen rechts, 3 Maschen links

= **6er Zopf (3 M vorne-3kr-3re):** 3 Maschen auf einer Zopfnadel vor die Arbeit legen, 3 Maschen rechts, dann die 3 Maschen der Zopfnadel rechts; in Rückreihen 3 Maschen links, 3 Maschen rechts

= **8er-Zopf (4 M hinten):** 4 M auf einer Zopfnadel hinter die Arbeit legen, 4 Maschen rechts, dann die 4 Maschen der Zopfnadel rechts stricken; in Rückreihen 8 Maschen links

= **8er-Zopf (5 M hinten-3re-2li-3re):** 5 Maschen auf der Zopfnadel hinter die Arbeit legen, 3 Maschen rechts, dann die 5 Maschen der Zopfnadel: 2 Maschen links, 3 Maschen rechts; in Rückreihen 3 Maschenlinks, 2 Maschen rechts, 3 Maschen links

= **8er-Zopf (4 M vorne):** 4 M auf einer Zopfnadel vor die Arbeit legen, 4 M rechts, dann die 4 Maschen der Zopfnadel rechts; in Rückreihen 8 Maschen links

= **8er-Zopf (3 M vorne-3re-2li-3re):** 3 Maschen auf der Zopfnadel vor die Arbeit legen, 3 Maschen rechts, 2 Maschen links, Maschen der Zopfnadel rechts; in Rückreihen 3 Maschen links, 2 Maschen rechts, 3 Maschen links

2 = **Herzbogen rechts:** * Den Querfaden von vorne auf die linke Nadel heben und rechts verschränkt abstricken; ab * noch 1x wiederholen, dann die nächsten 3 Maschen abheben und nacheinander erst die mittlere Masche, dann die rechte Masche über die linke Masche ziehen, diese letzte Masche zurück auf die linke Nadel heben und rechts stricken.

2 = **Herzbogen links:** 3 Maschen abheben, dann nacheinander erst die mittlere Masche, dann die rechte Masche über die linke Masche ziehen, diese letzte Masche zurück auf die linke Nadel heben und rechts stricken, dann * den Querfaden von vorne auf die linke Nadel heben und rechts verschränkt abstricken; ab * noch 1x wiederholen.

8 = **6 M kurzes Band:** nur über diese 6 Maschen 8 Hin- und Rückreihen arbeiten, dabei in Hinreihen: 2 Maschen rechts, 2 Maschen links, 2 Maschen rechts; in Rückreihen: 2 Maschen links, 2 Maschen rechts, 2 Maschen links; dann die 6 Maschen auf einer Sicherheitsnadel stilllegen, den Faden abschneiden

12 = **6 M langes Band:** nur über diese 6 Maschen 12 Hin- und Rückreihen arbeiten, dabei in Hinreihen: 2 Maschen rechts, 2 Maschen links, 2 Maschen rechts; in Rückreihen: 2 Maschen links, 2 Maschen rechts, 2 Maschen links; dann die 6 M auf einer Sicherheitsnadel stilllegen, den Faden abschneiden.

Hinweis: Hier werden die Zöpfe in Hin- und Rückreihen beschrieben. Zum Arbeiten in Runden alle Maschen in den Zwischenrunden mustergemäß stricken.

Lilienzopf

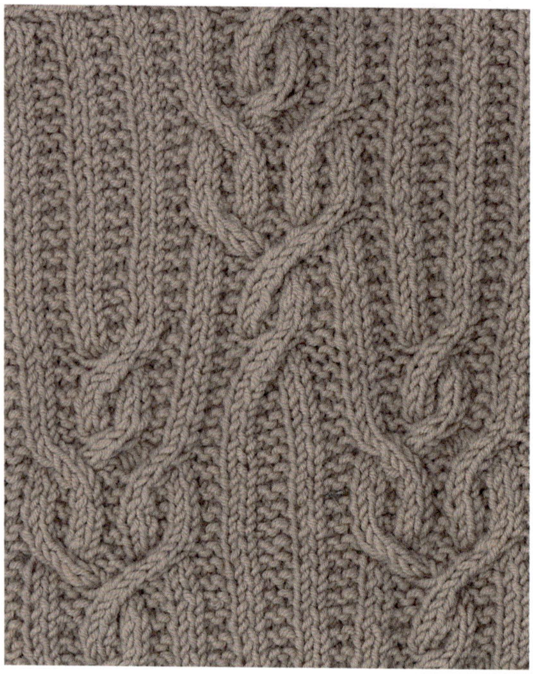

Schwierigkeitsgrad mittel
Kategorie Zopf auf Rippenmuster mit kraus rechts

Maschenzahl teilbar durch 24 + 14 + 2 Randmaschen.

STRICKEN NACH MUSTERBESCHREIBUNG

TIPP: Die Zeichenerklärung zur Strickschrift enthält eine Beschreibung der verwendeten Zopf-Abkürzungen!

1. Reihe (Hinreihe): RandM, 4 M rechts, 6er-Zopf (4 M hinten), * 18 M rechts, 6er-Zopf (4 M hinten); ab * stets wiederholen, 4 M rechts, RandM.
2. Reihe (Rückreihe): RandM, * 2 M links, 2 M rechts; ab * stets wiederholen, RandM.
3. Reihe: RandM, alle M rechts, RandM.
4. - 8. Reihe: Die 2. - 3. Reihe noch 2x wiederholen, dann noch 1x die 2. Reihe arbeiten.
9. - 10. Reihe: Wie die 1. - 2. Reihe arbeiten.
11. Reihe: RandM, 2 M rechts, 4er-Zopf (2 M hinten), 2 M rechts, * 4er-Zopf (2 M vorne), 14 M rechts, 4er-Zopf (2 M hinten), 2 M rechts; ab * stets wiederholen, 4er-Zopf (2 M vorne), 2 M rechts, RandM.
12. Reihe: RandM, 6 M links, * 2 M rechts, 6 M links, [2 M rechts, 2 M links] 3x, 4 M links; ab * stets wiederholen, 2 M rechts, 6 M links, RandM.
13. Reihe: RandM, 4er-Zopf (2 M hinten), 4 M rechts, * 2 M rechts, 4er-Zopf (2 M vorne), 10 M rechts, 4er-Zopf (2 M hinten), 4 M rechts; ab * stets wiederholen, 2 M rechts, 4er-Zopf (2 M vorne), RandM.
14. - 20. Reihe: Die 2. - 3. Reihe 3x wiederholen, dann noch 1x die 2. Reihe arbeiten.
21. - 24. Reihe: Wie 11. - 14. Reihe arbeiten.
25. - 34. Reihe: Wie 1. - 10. Reihe arbeiten.
35. Reihe: RandM, 8 M rechts, * 8 M rechts, 6er-Zopf (4 M hinten), 10 M rechts; ab * stets wiederholen, 6 M rechts, RandM.
36. - 42. Reihe: Die 2. - 3. Reihe 3x wiederholen, dann noch 1x die 2. Reihe arbeiten.
43. - 44. Reihe: Wie 35. - 36. Reihe arbeiten.
45. Reihe: RandM, 8 M rechts, * 6 M rechts, 4er-Zopf (2 M hinten), 2 M rechts, 4er-Zopf (2 M vorne), 8 M rechts; ab * stets wiederholen, 6 M rechts, RandM.
46. Reihe: RandM, 2 M links, 2 M rechts, 2 M links, * [2 M rechts, 2 M links] 2x, 4 M links, 2 M rechts, 6 M links, 2 M rechts, 2 M links; * stets wiederholen, [2 M rechts, 2 M links] 2x, RandM.
47. Reihe: RandM, 8 M rechts, * 4 M rechts, 4er-Zopf (2 M hinten), 6 M rechts, 4er-Zopf (2 M vorne), 6 M rechts; ab * stets wiederholen, 6 M rechts, RandM.
48. - 54. Reihe: Die 2. - 3. Reihe 3x wiederholen, dann noch 1x die 2. Reihe arbeiten.
55. - 58. Reihe: Wie 45. - 48. Reihe arbeiten.
59. - 68. Reihe: Wie 35. - 44. Reihe arbeiten.

Die 1. - 68. Reihe stets wiederholen.

STRICKEN NACH STRICKSCHRIFT

Es sind die Hinreihen eines Höhenrapportes notiert. Die Maschen sind so bezeichnet, wie sie erscheinen. Die Zeichenerklärung beschreibt, wie sie in der jeweils folgenden Rückreihe gestrickt werden.

In den Hinreihen mit der RandM und den 8 M vor dem rechten Pfeil beginnen, den Rapport von 24 M zwischen den Pfeilen stets wiederholen und mit den 6 M und der RandM nach dem linken Pfeil enden. In den Rückreihen die M entsprechend von links nach rechts lesen.

Die 1. - 68. Reihe stets wiederholen.

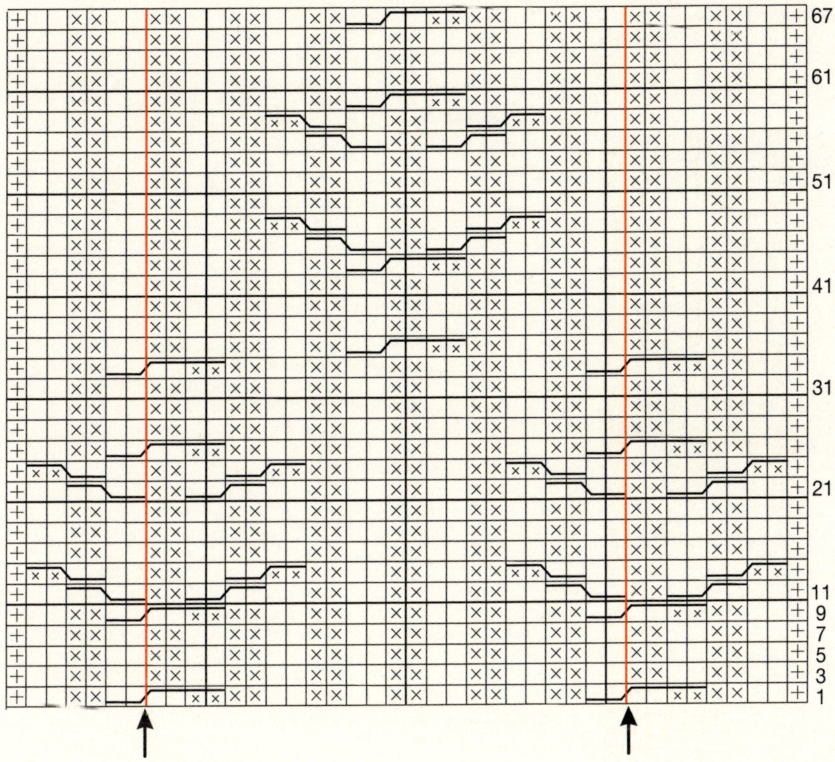

Zeichenerklärung:

+ = RandM

= 1 M rechts; in RückR links

X = 1 M kraus rechts; in RückR rechts

= 4er-Zopf (2 M hinten): 2 M auf einer ZN hinter die Arbeit legen, 2 M rechts, dann die 2 M der ZN rechts; in RückR 4 M links

= 4er-Zopf (2 M vorne): 2 M auf einer ZN vor die Arbeit legen, 2 M rechts, dann die 2 M der ZN rechts; in RückR 4 M links

= 4er-Zopf (2 M hinten-2re-2kr): 2 M auf einer ZN hinter die Arbeit legen, 2 M rechts, dann die 2 M der ZN rechts; in RückR 2 M rechts, 2 M links

= 4er-Zopf (2 M vorne-2kr-2re): 2 M auf einer ZN vor die Arbeit legen, 2 M rechts, dann die 2 M der ZN rechts; in RückR 2 M links, 2 M rechts

= 6er-Zopf (4 M hinten-2re-2kr-2re): 4 M auf einer ZN hinter die Arbeit legen, 2 M rechts, dann die 4 M der ZN rechts; in RückR 2 M links, 2 M rechts, 2 M links

Kugelzopf

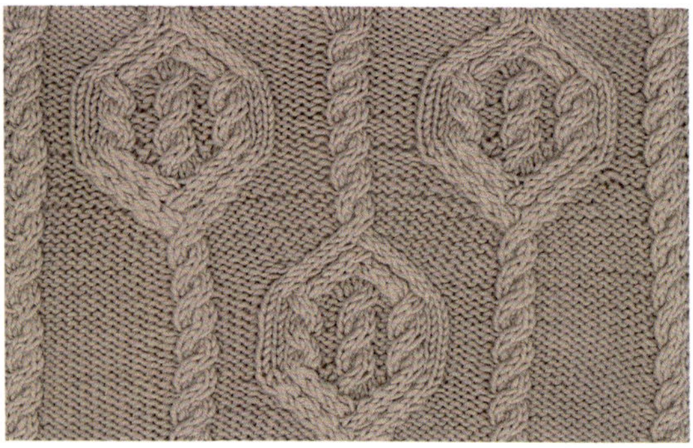

Schwierigkeitsgrad mittel
Kategorie Zöpfe auf glatt links

Maschenzahl teilbar durch 32 + 34 + 2 Randmaschen.

STRICKEN NACH MUSTERBESCHREIBUNG

TIPP: Die Zeichenerklärung zur Strickschrift enthält eine Beschreibung der verwendeten Zopf-Abkürzungen!

1. Reihe (Hinreihe): RandM, 4er-Zopf (2 M hinten), 11 M links, 4er-Zopf (2 M hinten), * 12 M links, 4er-Zopf (2 M hinten), 12 M links, 4er-Zopf (2 M hinten); ab * stets wiederholen, 11 M links, 4er-Zopf (2 M hinten), RandM.
2. Reihe (Rückreihe): RandM, 4 M links, 11 M rechts, * 4 M links, 12 M rechts, 4 M links, 12 M rechts; ab * stets wiederholen, 4 M links, 11 M rechts, 4 M links, RandM.
3. Reihe: RandM, 4 M rechts, 11 M links, 4 M rechts, * 10 M links, 4er-Zopf (2 M hinten), 4er-Zopf (2 M vorne), 10 M links, 4 M rechts; ab * stets wiederholen, 11 M links, 4 M rechts, RandM.
4. Reihe: RandM, 4 M links, 11 M rechts, * 4 M links, 10 M rechts, 8 M links, 10 M rechts; ab * stets wiederholen, 4 M links, 11 M rechts, 4 M links, RandM.
5. Reihe: RandM, 4er-Zopf (2 M hinten), 11 M links, 4er-Zopf (2 M hinten), * 8 M links, 2x 4er-Zopf (2 M hinten), 4er-Zopf (2 M vorne), 8 M links, 4er-Zopf (2 M hinten); ab * stets wiederholen, 11 M links, 4er-Zopf (2 M hinten), RandM.
6. Reihe: RandM, 4 M links, 11 M rechts, * 4 M links, 8 M rechts, 12 M links, 8 M rechts; ab * stets wiederholen, 4 M links, 11 M rechts, 4 M links, RandM.
7. Reihe: RandM, 4 M rechts, 11 M links, 4 M rechts, * 6 M links, 2x 4er-Zopf (2 M hinten), 2x 4er-Zopf (2 M vorne), 6 M links, 4 M rechts; ab * stets wiederholen, 11 M links, 4 M rechts, RandM.
8. Reihe: RandM, 4 M links, 11 M rechts, * 4 M links, 6 M rechts, 16 M links, 6 M rechts; ab * stets wiederholen, 4 M links, 11 M rechts, 4 M links, RandM.
9. Reihe: RandM, 4er-Zopf (2 M hinten), 11 M links, 4er-Zopf (2 M hinten), * 4 M links, 4er-Zopf (2 M hinten), 4er-Zopf (2 M hinten-2re-2li), 4 M rechts, 4er-Zopf (2 M vorne-2li-2re), 4er-Zopf (2 M vorne), 4 M links, 4er-Zopf (2 M hinten); ab * stets wiederholen, 11 M links, 4er-Zopf (2 M hinten), RandM.
10. Reihe: RandM, 4 M links, 11 M rechts, * 4 M links, 4 M rechts, 6 M links, 2 M rechts, 4 M links, 2 M rechts, 6 M links, 4 M rechts; ab * stets wiederholen, 4 M links, 11 M rechts, 4 M links, RandM.
11. Reihe: RandM, 4 M rechts, 11 M links, 4 M rechts, * 4 M links, 2 M rechts, [4er-Zopf (2 M hinten), 2 M links] 2x, 4er-Zopf (2 M vorne), 2 M rechts, 4 M links, 4 M rechts; ab * stets wiederholen, 11 M links, 4 M rechts, RandM.
12. Reihe: RandM, 4 M links, 11 M rechts, * 4 M links, 4 M rechts, 6 M links, 2 M rechts, 4 M links, 2 M rechts, 6 M links, 4 M rechts; ab * stets wiederholen, 4 M links, 11 M rechts, 4 M links, RandM.
13. Reihe: RandM, 4er-Zopf (2 M hinten), 11 M links, 4er-Zopf (2 M hinten), * 4 M links, 6 M rechts, 2 M links, 4 M rechts, 2 M links, 6 M rechts, 4 M links, 4er-Zopf (2 M hinten); ab * stets wiederholen, 11 M links, 4er-Zopf (2 M hinten), RandM.
14. Reihe: Wie die 12. Reihe arbeiten.
15. - 18. Reihe: Wie die 11. -14. Reihe arbeiten.
19. - 20. Reihe: Wie die 11. - 12. Reihe arbeiten.
21. Reihe: RandM, 4er-Zopf (2 M hinten), 11 M links, 4er-Zopf (2 M hinten), * 4 M links, 4er-Zopf (2 vorne-2li-2re), 4er-Zopf (2 M vorne), 4 M rechts, 4er-Zopf (2 M hinten), 4er-Zopf (2 hinten-2re-2li), 4 M links, 4er-Zopf (2 M hinten); ab * stets wiederholen, 11 M links, 4er-Zopf (2 M hinten), RandM.
22. Reihe: RandM, 4 M links, 11 M rechts, * 4 M links, 6 M rechts, 16 M links, 6 M rechts; ab * stets wiederholen, 4 M links, 11 M rechts, 4 M links, RandM.

23. Reihe: RandM, 4 M rechts, 11 M links, 4 M rechts, * 6 M links, 4er-Zopf (2 vorne-2li-2re), 4er-Zopf (2 M vorne), 4er-Zopf (2 M hinten), 4er-Zopf (2 hinten-2re-2li), 6 M links, 4 M rechts; ab * stets wiederholen, 11 M links, 4 M rechts, RandM.
24. Reihe: RandM, 4 M links, 11 M rechts, * 4 M links, 8 M rechts, 12 M links, 8 M rechts; ab * stets wiederholen, 4 M links, 11 M rechts, 4 M links, RandM.
25. Reihe: RandM, 4er-Zopf (2 M hinten), 11 M links, 4er-Zopf (2 M hinten), * 8 M links, 4er-Zopf (2 vorne-2li-2re), 4er-Zopf (2 M hinten), 4er-Zopf (2 hinten-2re-2li), 8 M links, 4er-Zopf (2 M hinten); ab * stets wiederholen, 11 M links, 4er-Zopf (2 M hinten), RandM.
26. Reihe: RandM, 4 M links, 11 M rechts, * 4 M links, 10 M rechts, 8 M links, 10 M rechts; ab * stets wiederholen, 4 M links, 11 M rechts, 4 M links, RandM.
27. Reihe: RandM, 4 M rechts, 11 M links, 4 M rechts, * 10 M links, 4er-Zopf (2 vorne-2li-2re), 4er-Zopf (2 hinten-2re-2li), 10 M links, 4 M rechts; ab * stets wiederholen, 11 M links, 4 M rechts, RandM.
28. Reihe: RandM, 4 M links, 11 M rechts, * 4 M links, 12 M rechts, 4 M links, 12 M rechts; ab *stets wiederholen, 4 M links, 11 M rechts, 4 M links, RandM.
29. - 30. Reihe: Wie die 1. - 2. Reihe arbeiten.
31. Reihe: RandM, 4 M rechts, 9 M links, 4er-Zopf (2 M hinten), * 4er-Zopf (2 M vorne), 10 M links, 4 M rechts, 10 M links, 4er-Zopf (2 M hinten); ab * stets wiederholen, * 4er-Zopf (2 M vorne), 9 M links, 4 M rechts, RandM.
32. Reihe: RandM, 4 M links, 9 M rechts, 4 M links, * [4 M links, 10 M rechts] 2x, 4 M links; ab * stets wiederholen, 4 M links, 9 M rechts, 4 M links, RandM.
33. Reihe: RandM, 4er-Zopf (2 M hinten), 7 M links, 2x 4er-Zopf (2 M hinten), * 4er-Zopf (2 M vorne), [8 M links, 4er-Zopf (2 M hinten)] 2x, 4er-Zopf (2 M hinten); ab * stets wiederholen, 4er-Zopf (2 M vorne), 7 M links, 4er-Zopf (2 M hinten), RandM.
34. Reihe: RandM, 4 M links, 7 M rechts, 4 M links, * 8 M links, 8 M rechts, 4 M links, 8 M rechts, 4 M links; ab * stets wiederholen, 8 M links, 7 M rechts, 4 M links, RandM.
35. Reihe: RandM, 4 M rechts, 5 M links, 2x 4er-Zopf (2 M hinten), * 2x 4er-Zopf (2 M vorne), 6 M links, 4 M rechts, 6 M links, 2x 4er-Zopf (2 M hinten); ab * stets wiederholen, 2x 4er-Zopf (2 M vorne), 5 M links, 4 M rechts, RandM.
36. Reihe: RandM, 4 M links, 5 M rechts, 8 M links, * 8 M links, 6 M rechts, 4 M links, 6 M rechts, 8 M links; ab * stets wiederholen, 8 M links, 5 M rechts, 4 M links, RandM.
37. Reihe: RandM, 4er-Zopf (2 M hinten), 3 M links, 4er-Zopf (2 M hinten), 4er-Zopf (2 hinten-2re-2li), 4 M re,* 4er-Zopf (2 vorne-2li-2re), 4er-Zopf (2 M vorne), 4 M links, 4er-Zopf (2 M hinten), 4 M links, 4er-Zopf (2 M hinten), 4er-Zopf (2 hinten-2re-2li), 4 M re; ab * stets wiederholen, 4er-Zopf (2 vorne-2li-2re), 4er-Zopf (2 M vorne), 3 M links, 4er-Zopf (2 M hinten), RandM.
38. Reihe: RandM, 4 M links, 3 M rechts, 6 M links, 2 M rechts, * 4 M links, 2 M rechts, 6 M links, 4 M rechts, 4 M links, 4 M rechts, 6 M links, 2 M rechts; ab * stets wiederholen, 4 M links, 2 M rechts, 6 M links, 3 M rechts, 4 M links, RandM.
39. Reihe: RandM, 4 M rechts, 3 M links, 2 M rechts, 4er-Zopf (2 M hinten), 2 M links, 4er-Zopf (2 M hinten), * 2 M links, 4er-Zopf (2 M vorne), 2 M rechts, 4 M links, 4 M rechts, 4 M links, 2 M rechts, 4er-Zopf (2 M hinten), 2 M links, 4er-Zopf (2 M hinten); ab * stets wiederholen, 2 M links, 4er-Zopf (2 M vorne), 2 M rechts, 3 M links, 4 M rechts, RandM.
40. Reihe: RandM, 4 M links, 3 M rechts, 6 M links, 2 M rechts, * 4 M links, 2 M rechts, 6 M links, 4 M rechts, 4 M links, 4 M rechts, 6 M links, 2 M rechts; ab * stets wiederholen, 4 M links, 2 M rechts, 6 M links, 3 M rechts, 4 M links, RandM.
41. Reihe: RandM, 4er-Zopf (2 M hinten), 3 M links, 6 M rechts, 2 M links, 4 M rechts,* 2 M links, 6 M rechts, 4 M links, 4er-Zopf (2 M hinten), 4 M links, 6 M rechts, 2 M links, 4 M rechts; ab * stets wiederholen, 2 M links, 6 M rechts, 3 M links, 4er-Zopf (2 M hinten), RandM.
42. Reihe: Wie die 40. Reihe arbeiten.
43. - 46. Reihe: Wie die 39. - 42. Reihe arbeiten.
47. - 48. Reihe: Wie die 39. - 40. Reihe arbeiten.
49. Reihe: RandM, 4er-Zopf (2 M hinten), 3 M links, 4er-Zopf (2 vorne-2li-2re), 4er-Zopf (2 M vorne), 4 M rechts,* 4er-Zopf (2 M hinten), 4er-Zopf (2 hinten-2re-2li), 4 M links, 4er-Zopf (2 M hinten), 4 M links, 4er-Zopf (2 vorne-2li-2re), 4er-Zopf (2 M vorne), 4 M rechts; ab * stets wiederholen, 4er-Zopf (2 M hinten), 4er-Zopf (2 hinten-2re-2li), 3 M links, 4er-Zopf (2 M hinten),RandM.
50. Reihe: RandM, 4 M links, 5 M rechts, 6 M links, * 10 M links, 6 M rechts, 4 M links, 6 M rechts, 6 M links; ab * stets wiederholen, 10 M links, 5 M rechts, 4 M links, RandM.

51. Reihe: RandM, 4 M rechts, 5 M links, 4er-Zopf (2 vorne-2li-2re), 4er-Zopf (2 M vorne), * 4er-Zopf (2 M hinten), 4er-Zopf (2 hinten-2re-2li), 6 M links, 4 M rechts, 6 M links, 4er-Zopf (2 vorne-2li-2re), 4er-Zopf (2 M vorne); ab * stets wiederholen, 4er-Zopf (2 M hinten), 4er-Zopf (2 hinten-2re-2li), 5 M links, 4 M rechts, RandM.
52. Reihe: RandM, 4 M links, 7 M rechts, 6 M links, * 6 M links, 8 M rechts, 4 M links, 8 M rechts, 6 M links; ab * stets wiederholen, 6 M links, 7 M rechts, 4 M links, RandM.
53. Reihe: RandM, 4er-Zopf (2 M hinten), 7 M links, 4er-Zopf (2 vorne-2li-2re), 4er-Zopf (2 M hinten), * 4er-Zopf (2 hinten-2re-2li), 8 M links, 4er-Zopf (2 M hinten), 8 M links, 4er-Zopf (2 vorne-2li-2re), 4er-Zopf (2 M hinten); ab * stets wiederholen, 4er-Zopf (2 hinten-2re-2li), 7 M links, 4er-Zopf (2 M hinten),RandM.
54. Reihe: RandM, 4 M links, 9 M rechts, 2 M links * 6 M links, 10 M rechts, 4 M links, 10 M rechts, 2 M links ; ab * stets wiederholen, 6 M links, 9 M rechts, 4 M links, RandM.
55. Reihe: RandM, 4 M rechts, 9 M links, 4er-Zopf (2 vorne-2li-2re), * 4er-Zopf (2 hinten-2re-2li), 10 M links, 4 M rechts, 10 M links, 4er-Zopf (2 vorne-2li-2re); ab * stets wiederholen, 4er-Zopf (2 hinten-2re-2li), 9 M links, 4 M rechts, RandM.
56. Reihe: RandM, 4 M links, 11 M rechts, 2 M links, * 2 M links, 12 M rechts, 4 M links, 12 M rechts, 2 M links; ab * stets wiederholen, 2 M links, 11 M rechts, 4 M links, RandM.

Die 1. - 56. Reihe stets wiederholen.

STRICKEN NACH STRICKSCHRIFT

Es sind die Hinreihen eines Höhenrapportes notiert. Die Maschen sind so bezeichnet, wie sie erscheinen. Die Zeichenerklärung beschreibt, wie sie in der jeweils folgenden Rückreihe gestrickt werden.

In den Hinreihen mit der RandM und den M vor dem rechten Pfeil beginnen, den Rapport von 32 M zwischen den Pfeilen stets wiederholen und mit den M und der RandM nach dem linken Pfeil enden. In den Rückreihen die M entsprechend von links nach rechts lesen. Der Rapport verschiebt sich in einigen Reihen, sodass er nicht durch einzelne Zöpfe verläuft.

Die 1. - 56. Reihe stets wiederholen.

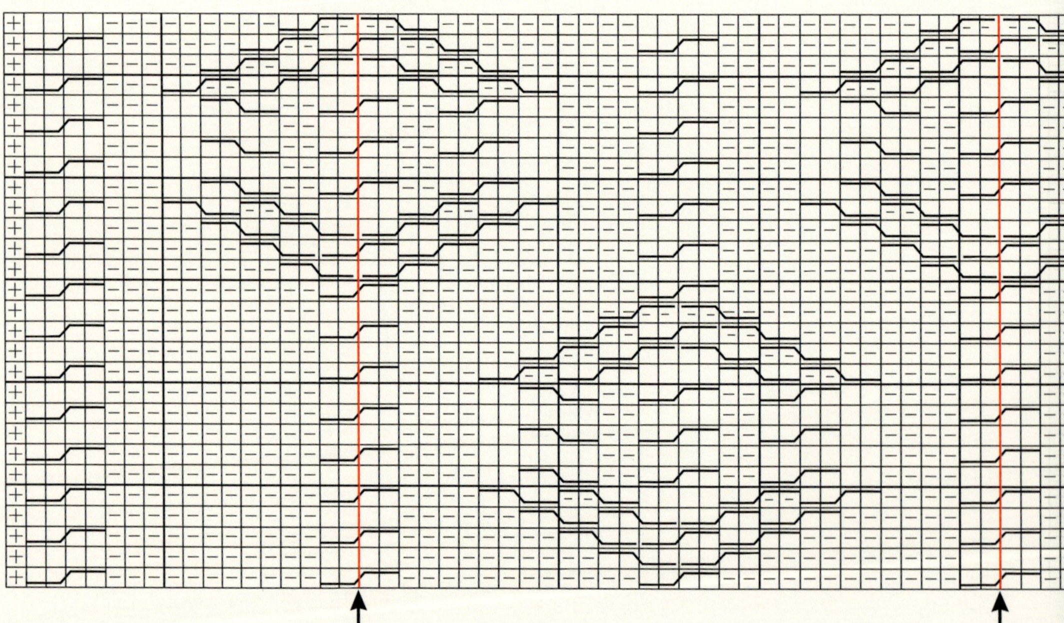

Zeichenerklärung:

= RandM

= 1 M rechts; in RückR links

= 1 M links; in RückR rechts

= 4er-Zopf (2 M hinten): 2 M auf einer ZN hinter die Arbeit legen, 2 M rechts, dann die 2 M der ZN rechts; in RückR die 4 M links

= 4er-Zopf (2 M vorne): 2 M auf einer ZN vor die Arbeit legen, 2 M rechts dann die 2 M der ZN rechts; in RückR die 4 M links

= 4er-Zopf (2 M vorne 2li 2re): 2 M auf der ZN vor die Arbeit legen, 2 M links, dann die 2 M der ZN rechts; in RückR 2 M links, 2 M rechts

= 4er-Zopf (2 M hinten-2re-2li): 2 M auf der ZN hinter die Arbeit, 2 M rechts, dann die 2 M der ZN links; in RückR 2 M rechts, 2 M links

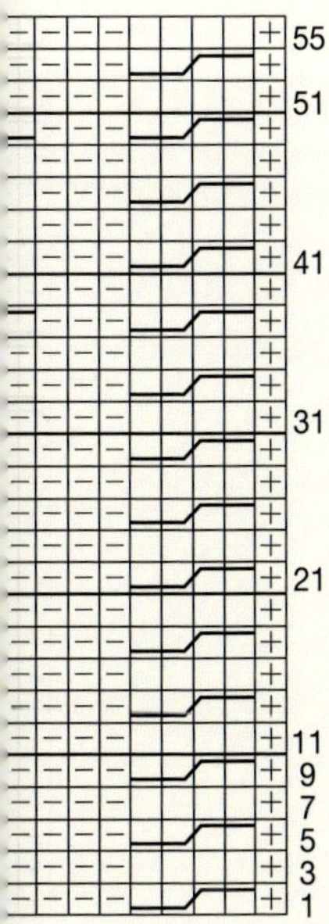

Rapunzelzopf

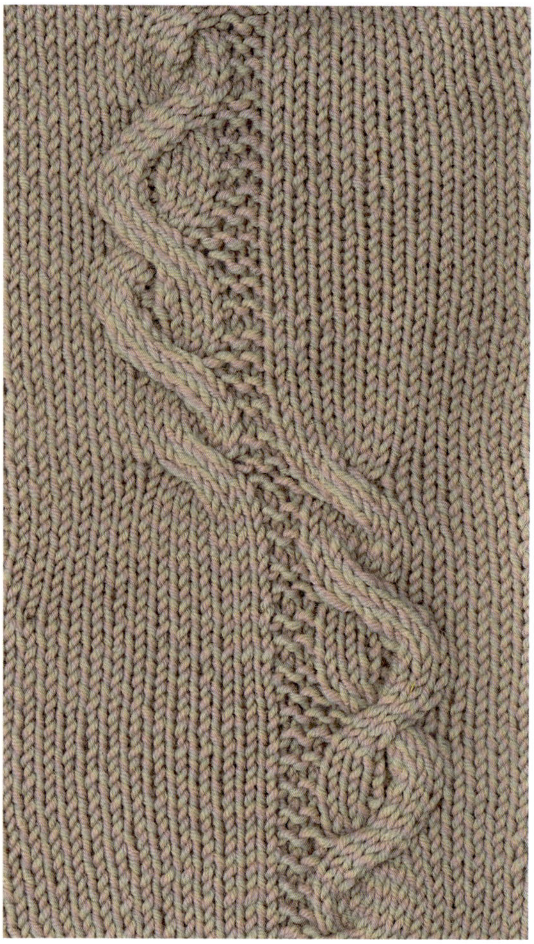

Schwierigkeitsgrad mittel
Kategorie Geschlungenes Zopfmuster auf vorrangig glatt rechts

Maschenzahl teilbar durch 18 + 10 + 2 Randmaschen.

STRICKEN NACH MUSTERBESCHREIBUNG

TIPP: Die Zeichenerklärung zur Strickschrift enthält eine Beschreibung der verwendeten Zopf-Abkürzungen!

1. Reihe (Hinreihe): RandM, 5 M rechts, * 2 M rechts, 6er-Zopf (3 M hinten), 10 M rechts; ab * stets wiederholen, 5 M rechts, RandM.
2. Reihe (Rückreihe): RandM, 5 M links, * 8 M links, 2 M rechts, 8 M links; ab * stets wiederholen, 5 M links, RandM.
3. Reihe: RandM, alle M rechts, RandM.
4. - 8. Reihe: Die 2. - 3. Reihe noch 2x wiederholen, dann die 2. Reihe noch einmal arbeiten.
9. - 10. Reihe: Wie die 1. - 2. Reihe arbeiten.
11. Reihe: RandM, 5 M rechts, * 1 M rechts, 4er-Zopf (1 M hinten-3re-1li), 13 M rechts; ab * stets wiederholen, 5 M rechts, RandM.
12. Reihe: RandM, 5 M links, * 8 M links, 2 M rechts, 3 M links, 1 M rechts, 4 M links; ab * stets wiederholen, 5 M links, RandM.
13. Reihe: RandM, 5 M rechts, * 4er-Zopf (1 M hinten-3re-1li), 1 M links, 13 M rechts; ab * stets wiederholen, 5 M rechts, RandM.
14. Reihe: RandM, 5 M links, * 8 M links, 2 M rechts, 3 M links, 2 M rechts, 3 M links; ab * stets wiederholen, 5 M links, RandM.
15. Reihe: RandM, 5 M rechts, * 3 M rechts, 2 M links, 13 M rechts; ab * stets wiederholen, 5 M rechts, RandM.
16. Reihe: Wie die 14. Reihe arbeiten.
17. Reihe: RandM, 5 M rechts, * 4er-Zopf (3 M vorne), 4er-Zopf (1 M hinten), 10 M rechts; ab * stets wiederholen, 5 M rechts, RandM.
18. Reihe: Wie die 2. Reihe arbeiten.
19. Reihe: RandM, 5 M rechts, * 1 M rechts, 6er-Zopf (3 M hinten), 11 M rechts; ab * stets wiederholen, 5 M rechts, RandM.
20. Reihe: RandM, 5 M links, * 8 M links, 3 M rechts, 7 M links; ab * stets wiederholen, 5 M links, RandM.
21. Reihe: RandM, 5 M rechts, * 4er-Zopf (1 M hinten-3re-1li), 4er-Zopf (3 M vorne-1li-3re), 10 M rechts; ab * stets wiederholen, 5 M rechts, RandM.
22. - 24. Reihe: Die 14. - 15. Reihe einmal wiederholen, dann die 14. Reihe noch einmal arbeiten.
25. Reihe: RandM, 5 M rechts, * 4er-Zopf (3 M vorne), 1 M links, 13 M rechts; ab * stets wiederholen, 5 M rechts, RandM.
26. Reihe: RandM, 5 M links, * 8 M links, 2 M rechts, 3 M links, 1 M rechts, 4 M links; ab * stets wiederholen, 5 M links, RandM.
27. Reihe: RandM, 5 M rechts, * 1 M rechts, 4er-Zopf (3 M vorne), 13 M rechts; ab * stets wiederholen, 5 M rechts, RandM.
28. Reihe: Wie die 2. Reihe arbeiten.
29. Reihe: RandM, 5 M rechts, * 2 M rechts, 6er-Zopf (3 M vorne), 10 M rechts; ab * stets wiederholen, 5 M rechts, RandM.
30. - 36. Reihe: Die 2. - 3. Reihe 3x wiederholen, dann die 2. Reihe noch einmal arbeiten.
37. Reihe: Wie die 29. Reihe arbeiten.
38. Reihe: Wie die 2. Reihe arbeiten.

39. Reihe: RandM, 5 M rechts, * 10 M rechts, 6er-Zopf (3 M vorne), 2 M rechts; ab * stets wiederholen, 5 M rechts, RandM.
40. - 46. Reihe: Die 2. - 3. Reihe 3x wiederholen, dann die 2. Reihe noch einmal arbeiten.
47. Reihe: Wie die 39. Reihe arbeiten.
48. Reihe: Wie die 2. Reihe arbeiten.
49. Reihe: RandM, 5 M rechts, * 13 M rechts, 4er-Zopf (3 M vorne-1li-3re), 1 M rechts; ab * stets wiederholen, 5 M rechts, RandM.
50. Reihe: RandM, 5 M links, * 4 M links, 1 M rechts, 3 M links, 2 M rechts, 8 M links; ab * stets wiederholen, 5 M links, RandM.
51. Reihe: RandM, 5 M rechts, * 13 M rechts, 1 M links, 4er-Zopf (3 M vorne-1li-3re); ab * stets wiederholen, 5 M rechts, RandM.
52. Reihe: RandM, 5 M links, * 3 M links, 2 M rechts, 3 M links, 2 M rechts, 8 M links; ab * stets wiederholen, 5 M links, RandM.
53. Reihe: RandM, 5 M rechts, * 13 M rechts, 2 M links, 3 M rechts; ab * stets wiederholen, 5 M rechts, RandM.
54. Reihe: Wie die 52. Reihe arbeiten.
55. Reihe: RandM, 5 M rechts, * 10 M rechts, 4er-Zopf (3 M vorne), 4er-Zopf (1 M hinten); ab * stets wiederholen, 5 M rechts, RandM.
56. Reihe: Wie die 2. Reihe arbeiten.
57. Reihe: RandM, 5 M rechts, * 11 M rechts, 6er-Zopf (3 M vorne), 1 M rechts; ab * stets wiederholen, 5 M rechts, RandM.
58. Reihe: RandM, 5 M links, * 7 M links, 3 M rechts, 8 M links; ab * stets wiederholen, 5 M links, RandM.
59. Reihe: RandM, 5 M rechts, * 10 M rechts, 4er-Zopf (1 M hinten-3re-1li), 4er-Zopf (3 M vorne-1li-3re); ab * stets wiederholen, 5 M rechts, RandM.
60. - 62. Reihe: Die 52. - 53. Reihe einmal wiederholen, dann die 52. Reihe noch einmal arbeiten.
63. Reihe: RandM, 5 M rechts, * 13 M rechts, 1 M links, 4er-Zopf (1 M hinten); ab * stets wiederholen, 5 M rechts, RandM.
64. Reihe: Wie die 50. Reihe arbeiten.
65. Reihe: RandM, 5 M rechts, * 13 M rechts, 4er-Zopf (1 M hinten), 1 M rechts; ab * stets wiederholen, 5 M rechts, RandM.
66. Reihe: Wie die 2. Reihe arbeiten.
67. Reihe: RandM, 5 M rechts, * 10 M rechts, 6er-Zopf (3 M hinten), 2 M rechts; an * stets wiederholen, 5 M rechts, RandM.
68. - 74. Reihe: Die 2. - 3. Reihe 3x wiederholen, dann die 2. Reihe noch einmal arbeiten.
75. Reihe: Wie die 67. Reihe arbeiten.
76. Reihe: Wie die 2. Reihe arbeiten.

Die 1. - 76. Reihe stets wiederholen.

STRICKEN NACH STRICKSCHRIFT

Es sind die Hinreihen eines Höhenrapportes notiert. Die Maschen sind so bezeichnet, wie sie erscheinen. Die Zeichenerklärung beschreibt, wie sie in der jeweils folgenden Rückreihe gestrickt werden.

In den Hinreihen mit der RandM und den 5 M vor dem rechten Pfeil beginnen, den Rapport von 18 M zwischen den Pfeilen stets wiederholen und mit den 5 M und der RandM nach dem linken Pfeil enden. In den Rückreihen die M entsprechend von links nach rechts lesen.

Die 1. - 76. Reihe stets wiederholen.

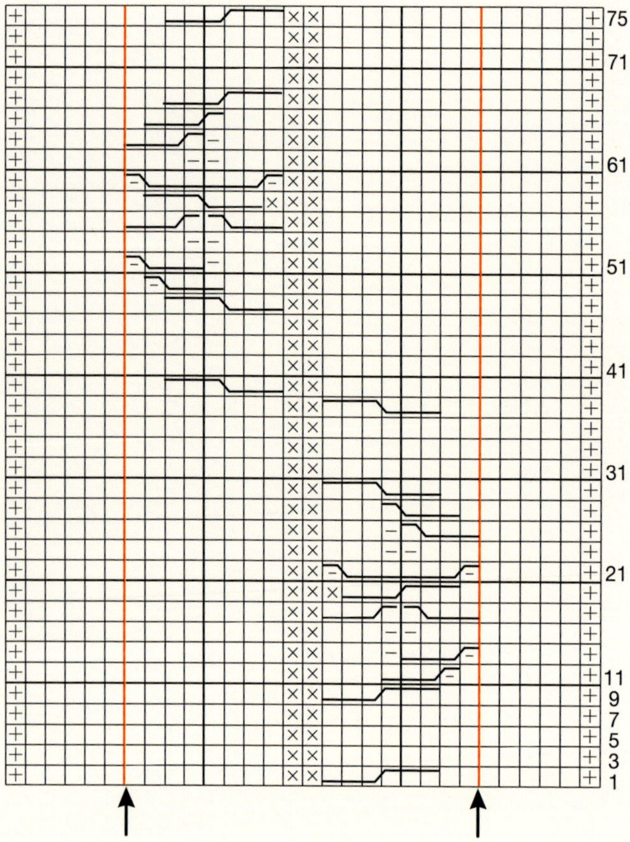

Zeichenerklärung:

⊞ = RandM

☒ = 1 M kraus rechts; in RückR rechts

⊟ = 1 M links; in RückR rechts

☐ = 1 M rechts; in RückR links

= 6er-Zopf (3 M hinten): 3 M auf einer ZN hinter die Arbeit legen, 3 M rechts, dann die 3 M der ZN rechts; in RückR 6 M links

= 6er-Zopf (3 M vorne): 3 M auf einer ZN vor die Arbeit legen, 3 M rechts, dann die 3 M der ZN rechts; in RückR 6 M links

= 4er-Zopf (1 M hinten): 1 M auf einer ZN hinter die Arbeit legen, 3 M rechts, dann die M der ZN rechts; in RückR 4 M links

= 4er-Zopf (3 M vorne): 3 M auf einer ZN vor die Arbeit legen, 1 M rechts, dann die 3 M der ZN rechts; in RückR 4 M links

= 4er-Zopf (3 M vorne-1li-3re): 3 M auf einer ZN vor die Arbeit legen, 1 M links, dann die 3 M der ZN rechts; in RückR 3 M links, 1 M rechts

= 4er-Zopf (1 M hinten-3re-1li): 1 M auf der ZN hinter die Arbeit legen, 3 M rechts, dann die M der ZN links; in RückR 1 M rechts, 3 M links

Zickzackzopf

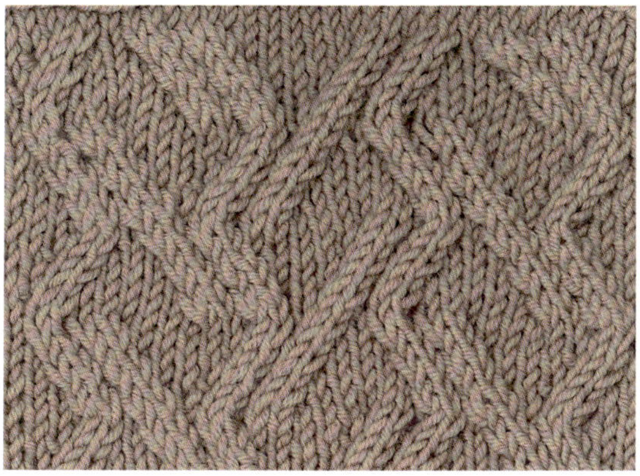

Schwierigkeitsgrad mittel
Kategorie Geschlungenes Zopfmuster auf glatt rechts

Maschenzahl teilbar durch 18 + 14 + 2 Randmaschen.

STRICKEN NACH MUSTERBESCHREIBUNG

TIPP: Die Zeichenerklärung zur Strickschrift enthält eine Beschreibung der verwendeten Zopf-Abkürzungen!

1. Reihe (Hinreihe): RandM, 2x 3er-Zopf (2 M vorne), 5 M rechts, * 2x 3er-Zopf (1 M hinten), 1 M rechts, 2x 3er-Zopf (2 M vorne), 5 M rechts; ab * stets wiederholen, 3er-Zopf (1 M hinten), RandM.
2. Reihe (Rückreihe) und alle Rückreihen: RandM, alle M links stricken, RandM.
3. Reihe: RandM, 1 M rechts, 2x 3er-Zopf (2 M vorne), 3 M rechts, * 2x 3er-Zopf (1 M hinten), 3 M rechts, 2x 3er-Zopf (2 M vorne), 3 M rechts; ab * stets wiederholen, 3er-Zopf (1 M hinten), 1 M rechts, RandM.
5. Reihe: RandM, 2 M rechts, 2x 3er-Zopf (2 M vorne), 1 M rechts, * 2x 3er-Zopf (1 M hinten), 5 M rechts, 2x 3er-Zopf (2 M vorne), 1 M rechts; ab * stets wiederholen, 3er-Zopf (1 M hinten), 2 M rechts, RandM.
7. Reihe: RandM, 2 M rechts, 3er-Zopf (1 M hinten), 1 M rechts, * 2x 3er-Zopf (2 M vorne), 5 M rechts, 2x 3er-Zopf (1 M hinten), 1 M rechts; ab * stets wiederholen, 2x 3er-Zopf (2 M vorne), 2 M rechts, RandM.
9. Reihe: RandM, 1 M rechts, 3er-Zopf (1 M hinten), 3 M rechts, * 2x 3er-Zopf (2 M vorne), 3 M rechts, 2x 3er-Zopf (1 M hinten), 3 M rechts; ab * stets wiederholen, 2x 3er-Zopf (2 M vorne), 1 M rechts, RandM.
11. Reihe: RandM, 3er-Zopf (1 M hinten), 5 M rechts, * 2x 3er-Zopf (2 M vorne), 1 M rechts, 2x 3er-Zopf (1 M hinten), 5 M rechts; ab * stets wiederholen, 2x 3er-Zopf (2 M vorne), RandM.

Die 1. - 12. Reihe stets wiederholen.

STRICKEN NACH STRICKSCHRIFT

Es sind alle Reihen eines Höhenrapportes notiert. Die Maschen sind so bezeichnet, wie sie erscheinen. Die Zeichenerklärung beschreibt, wie sie in der jeweils folgenden Rückreihe gestrickt werden.

In den Hinreihen mit der RandM und den M vor dem rechten Pfeil beginnen, den Rapport von 18 M zwischen den Pfeilen stets wiederholen und mit den M und der RandM nach dem linken Pfeil enden. In den Rückreihen die M entsprechend von links nach rechts lesen.

Die 1. - 12. Reihe stets wiederholen.

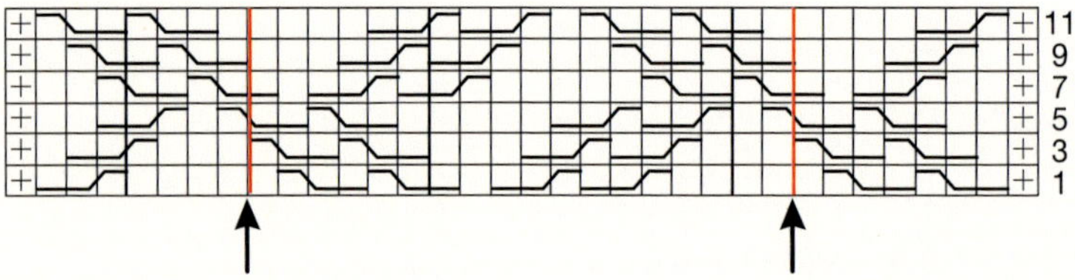

Zeichenerklärung:

- [+] = RandM
- [ ] = 1 M rechts
- = 3er-Zopf (1 M hinten): 1 M auf einer ZN hinter die Arbeit legen, 2 M rechts, dann die M der ZN rechts; in Rückreihe 3 M links
- = 3er-Zopf (2 M vorne): 2 M auf einer ZN vor die Arbeit legen, 1 M rechts dann die 2 M der ZN rechts stricken; in Rückriehen 3 M links

Kronenzopf

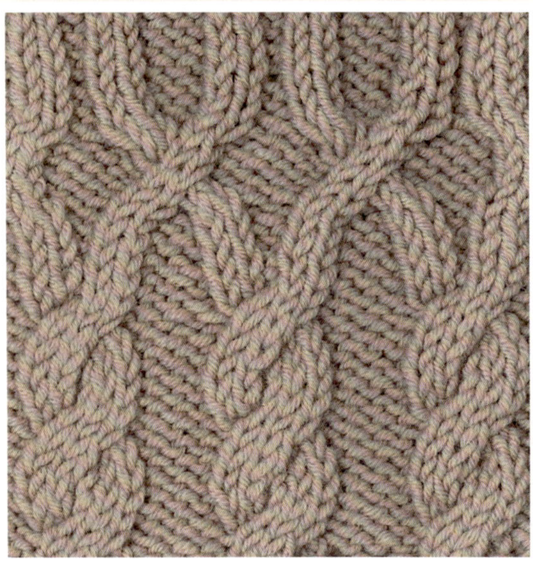

Schwierigkeitsgrad mittel
Kategorie Verzopfungen auf glatt links

Maschenzahl teilbar durch 10 + 10 + 2 Randmaschen.

STRICKEN NACH MUSTERBESCHREIBUNG

TIPP: Die Zeichenerklärung zur Strickschrift enthält eine Beschreibung der verwendeten Zopf-Abkürzungen!

1. Reihe (Hinreihe): RandM, * 2 M links, 6 M rechts, 2 M links; ab * stets wiederholen, RandM.
2. Reihe (Rückreihe): RandM, * 2 M rechts, 6 M links, 2 M rechts; ab * stets wiederholen, RandM.
3. Reihe: RandM, * 2 M links, 6er-Zopf (3 M hinten), 2 M links; ab * stets wiederholen, RandM.
4. Reihe: RandM, * 2 M rechts, 6 M links, 2 M rechts; ab * stets wiederholen, RandM.
5. - 10. Reihe: Die 1. - 2. Reihe 3x arbeiten.
11. - 12. Reihe: Die 3. - 4. Reihe 1x arbeiten.
13. - 18. Reihe: Die 1. - 2. Reihe 3x arbeiten.
19. - 20. Reihe: Die 3. - 4. Reihe 1x arbeiten.
21. Reihe: RandM, * [2 M links, 2 M rechts] 2x, 2 M links; ab * stets wiederholen, RandM.
22. Reihe: RandM, * [2 M rechts, 2 M links] 2x, 2 M rechts; ab * stets wiederholen, RandM.
23. - 26. Reihe: Die 21. - 22. Reihe noch 2x wiederholen.
27. Reihe: RandM, * 4er-Zopf (2 M hinten-2re-2li), 2 M links, 4er-Zopf (2 M vorne-2li-2re); ab * stets wiederholen, RandM.
28. Reihe: RandM, * 2 M links, 6 M rechts, 2 M links; ab * stets wiederholen, RandM.
29. Reihe: RandM, 2 M rechts, 6 M links, * 4er-

Zopf (2 M hinten), 6 M links; ab * stets wiederholen, 2 M rechts, RandM.

30. Reihe: RandM, * 2 M links, 6 M rechts, 2 M links; ab * stets wiederholen, RandM.

31. Reihe: RandM, * 4er-Zopf (2 M vorne-2li-2re), 2 M links, 4er-Zopf (2 M hinten-2re-2li); ab * stets wiederholen, RandM.

32. Reihe: RandM, * [2 M rechts, 2 M links] 2x, 2 M rechts; ab * stets wiederholen, RandM.

33. - 36. Reihe: Die 21. - 22. Reihe 3x arbeiten.

Die 1. - 36. Reihe stets wiederholen.

STRICKEN NACH STRICKSCHRIFT

Es sind die Hinreihen eines Höhenrapportes notiert. Die Maschen sind so bezeichnet, wie sie erscheinen. Die Zeichenerklärung beschreibt, wie sie in der jeweils folgenden Rückreihe gestrickt werden.

In den Hinreihen mit der RandM und den 2 M vor dem rechten Pfeil beginnen, den Rapport von 10 M zwischen den Pfeilen stets wiederholen und mit den 8 M und der RandM nach dem linken Pfeil enden. In den Rückreihen die M entsprechend von links nach rechts lesen.

Die 1. - 36. Reihe stets wiederholen.

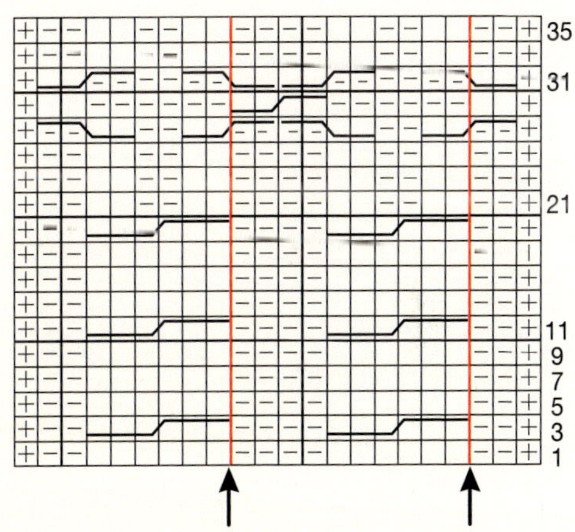

Zeichenerklärung:

+ = RandM

□ = 1 M rechts; in RückR links

− = 1 M links; in RückR rechts

= 6er-Zopf (3 M hinten): 3 M auf einer ZN hinter die Arbeit legen, 3 M rechts, dann die 3 M der ZN rechts; in RückR 6 M links

= 4er Zopf (2M hinten-2re-2li): 2 M auf einer ZN hinter die Arbeit legen, 2 M rechts, dann die 2 M der ZN links; in RückR 2 M rechts, 2 M links

= 4er Zopf (2M vorne-2li-2re): 2 M auf einer ZN vor die Arbeit legen, 2 M links, dann die 2 M der ZN rechts; in RückR 2 M rechts, 2 M links

Flechtzopf

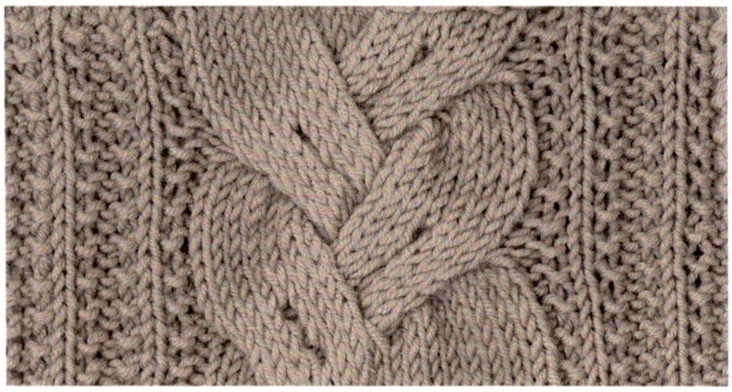

Schwierigkeitsgrad mittel
Kategorie verflochtener dicker Zopf mit falschem Patent

Maschenzahl teilbar durch 33 + 9 + 2 Randmaschen.

STRICKEN NACH MUSTERBESCHREIBUNG

TIPP: Die Zeichenerklärung zur Strickschrift enthält eine Beschreibung der verwendeten Zopf-Abkürzungen!

1. Reihe (Hinreihe): RandM, * [1 M links, 3 M rechts] 2x, 1 M links, 12 M rechts, 8er-Zopf (4 M hinten), 4 M rechts; ab * stets wiederholen, [1 M links, 3 M rechts] 2x, 1 M links, RandM.
2. Reihe (Rückreihe) und alle Rückreihen: RandM, 2 M rechts, 1 M links, 3 M rechts, 1 M links, 2 M rechts, * 24 M links, 2 M rechts, 1 M links, 3 M rechts, 1 M links, 2 M rechts; ab * stets wiederholen, RandM.
3. Reihe: RandM, * [1 M links, 3 M rechts] 2x, 1 M links, 8 M rechts, 8er-Zopf (4 M hinten), 8er-Zopf (4 M hinten); ab * stets wiederholen, [1 M links, 3 M rechts] 2x, 1 M links, RandM.
5. Reihe: Wie die 1. Reihe arbeiten.
7. Reihe: RandM, * [1 M links, 3 M rechts] 2x, 1 M links, 4 M rechts, 8er-Zopf (4 M vorne), 12 M rechts; ab * stets wiederholen, [1 M links, 3 M rechts] 2x, 1 M links, RandM.
9. Reihe: RandM, * [1 M links, 3 M rechts] 2x, 1 M links, 8er-Zopf (4 M vorne), 8er-Zopf (4 M vorne), 8 M rechts; ab * stets wiederholen, [1 M links, 3 M rechts] 2x, 1 M links, RandM.
11. Reihe: Wie die 7. Reihe arbeiten.

Die 1. - 12. Reihe stets wiederholen.

STRICKEN NACH STRICKSCHRIFT

Es sind die Hinreihen eines Höhenrapportes notiert. Die Maschen sind so bezeichnet, wie sie erscheinen. Die Zeichenerklärung beschreibt, wie sie in der jeweils folgenden Rückreihe gestrickt werden.

In den Hinreihen mit der RandM und den M vor dem rechten Pfeil beginnen, den Rapport von 33 M zwischen den Pfeilen stets wiederholen und mit den 9 M und der RandM nach dem linken Pfeil enden. In den Rückreihen die M entsprechend von links nach rechts lesen.

Die 1. - 12. Reihe stets wiederholen.

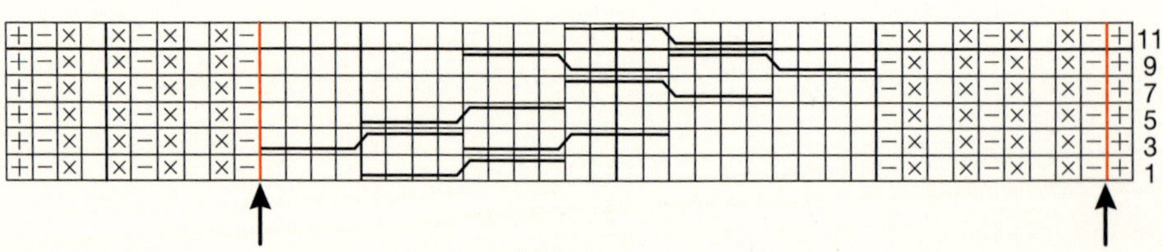

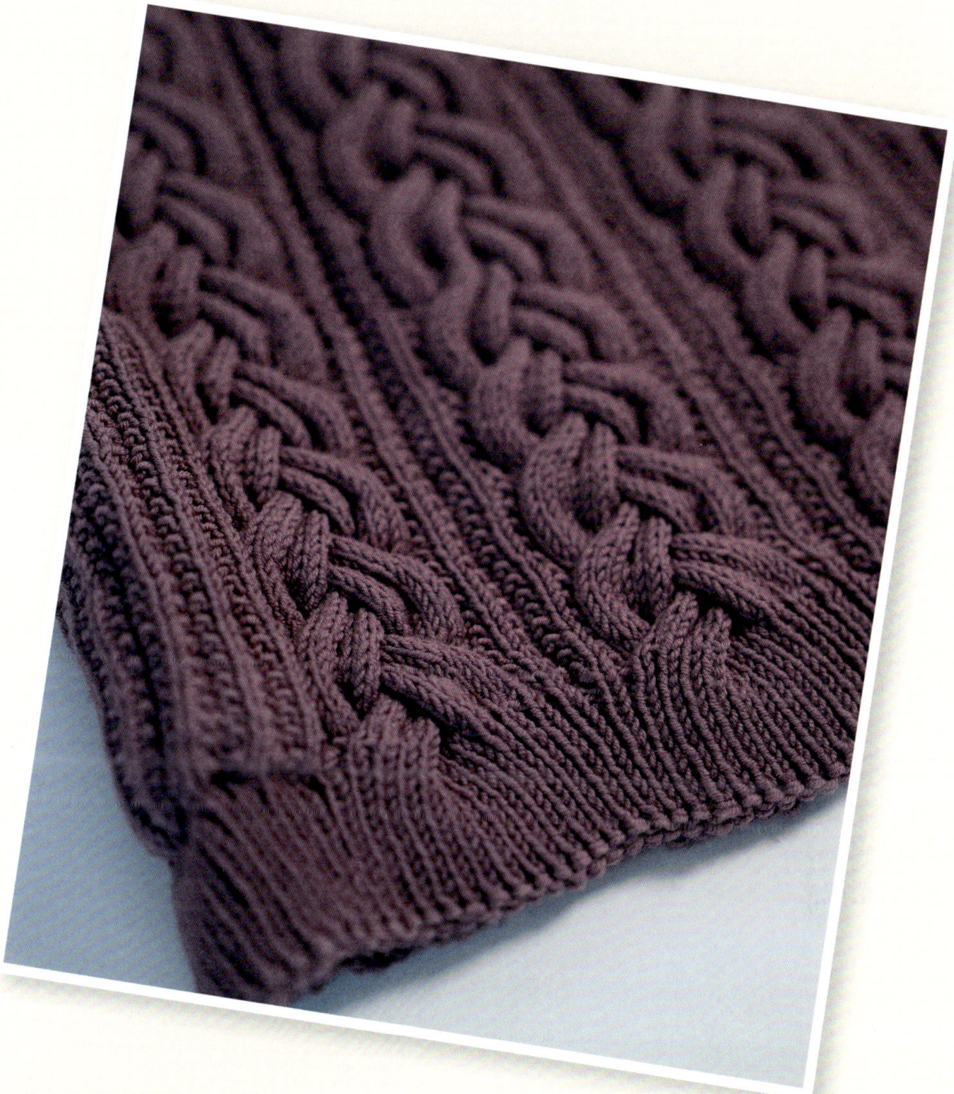

Zeichenerklärung:

[+] = RandM
[ ] = 1 M glatt rechts; in RückR links
[X] = 1 M kraus rechts; in RückR rechts
[–] = 1 M links; in RückR rechts
[8er-Zopf-Symbol, 4 M hinten] = 8er-Zopf (4 M hinten): 4 M auf einer ZN hinter die Arbeit legen, 4 M rechts, dann die 4 M der ZN rechts; in RückR 8 M links
[8er-Zopf-Symbol, 4 M vorne] = 8er-Zopf (4 M vorne): 4 M auf einer ZN vor die Arbeit legen, 4 M rechts, dann die 4 M der ZN rechts; in RückR 8 M links

2-farbiger Zopf

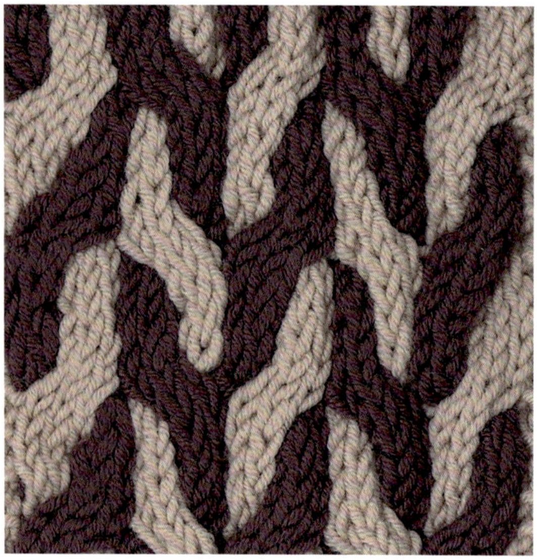

Schwierigkeitsgrad mittel
Kategorie Mischung aus Zopf und Jacquardmuster auf glatt rechts

Maschenzahl teilbar durch 12 + 2 RandM.

Vorbemerkung

Vor der letzten Randmasche jeweils einen weiteren Farbwechsel vornehmen, sodass beide Farben in jeder Reihe bis zum Reihenende fortgesetzt werden.

STRICKEN NACH MUSTERBESCHREIBUNG

TIPP: Die Zeichenerklärung zur Strickschrift enthält eine Beschreibung der verwendeten Zopf-Abkürzungen!

1. Reihe (Hinreihe): RandM, * 6er-Zopf (3 M hinten-3 A-3 B), 6er-Zopf (3 M vorne-3 A-3 B); ab * stets wiederholen, RandM.
2. Reihe (Rückreihe): RandM, * 3 M links in B, 3 M links in A; ab * stets wiederholen, RandM.
3. Reihe: RandM, * 3 M rechts in A, 3 M links in B; ab * stets wiederholen, RandM.
4. Reihe: Wie die 2. Reihe arbeiten.
5. - 6. Reihe: Die 3. - 4. Reihe noch 1x wiederholen.
7. Reihe: RandM, * 6er-Zopf (3 M vorne-3 B-3 A), 6er-Zopf (3 M hinten-3 B-3 A); ab * stets wiederholen, RandM.
8. Reihe: RandM, * 3 M links in A, 3 M links in B; ab * stets wiederholen, RandM.
9. Reihe: RandM, * 3 M rechts in B, 3 M links in A; ab * stets wiederholen, RandM.
10. Reihe: Wie die 8. Reihe arbeiten.
11. - 12. Reihe: Die 9. - 10. Reihe noch 1x wiederholen.

Die 1. - 12. Reihe stets wiederholen.

STRICKEN NACH STRICKSCHRIFT

Es sind die Hinreihen eines Höhenrapportes notiert. Die Maschen sind so bezeichnet, wie sie erscheinen. Die Zeichenerklärung beschreibt, wie sie in der jeweils folgenden Rückreihe gestrickt werden. Die Farben entsprechend den Angaben wie bei einem Jacquard wechseln.

In den Hinreihen mit der RandM vor dem rechten Pfeil beginnen, den Rapport von 12 M zwischen den Pfeilen stets wiederholen und mit der RandM nach dem linken Pfeil enden. In den Rückreihen die M entsprechend von links nach rechts lesen.

Die 1. - 12. Reihe stets wiederholen.

Farbfolge:
Wie beschrieben. In dem hier abgedruckten Beispiel wurde Altrosa als Farbe A und Bordeaux als Farbe B gewählt.

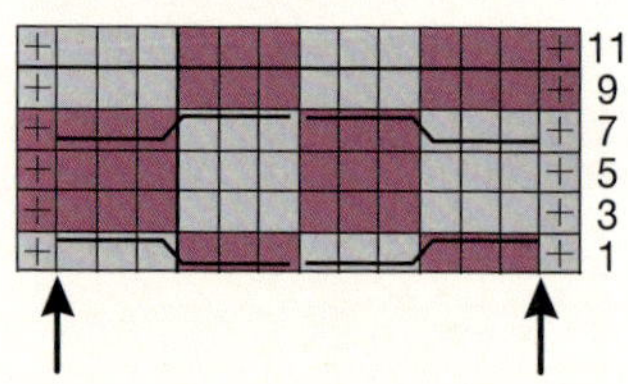

Zeichenerklärung:

= RandM
= 1 M rechts in Farbe A; in RückR links in Farbe A
= 1 M rechts in Farbe B; in RückR links in Farbe B
= 6er-Zopf (3 M hinten-3 A-3 B): 3 M auf einer ZN hinter die Arbeit legen mit Farbe A 3 M rechts, dann die 3 M der ZN mit Farbe B rechts; in RückR 3 M links in B, 3 M links in A
= 6er-Zopf (3 M hinten-3 B-3 A): 3 M auf einer ZN hinter die Arbeit legen, mit Farbe B 3 M rechts, dann die 3 M der ZN mit Farbe A rechts stricken; in RückR 3 M links in A, 3 M links in B
= 6er-Zopf (3 M vorne-3 A-3 B): 3 M auf einer ZN vor die Arbeit legen, mit Farbe A 3 M rechts, dann die 3 M der ZN mit Farbe B rechts stricken; 3 M links in B, 3 M links in A
= 6er-Zopf (3 M vorne-3 B-3 A): 3 M auf einer ZN vor die Arbeit legen, mit Farbe B 3 M rechts, dann die 3 M der ZN mit Farbe A rechts stricken; in RückR 3 M links in A, 3 M links in B

Kristallzopf

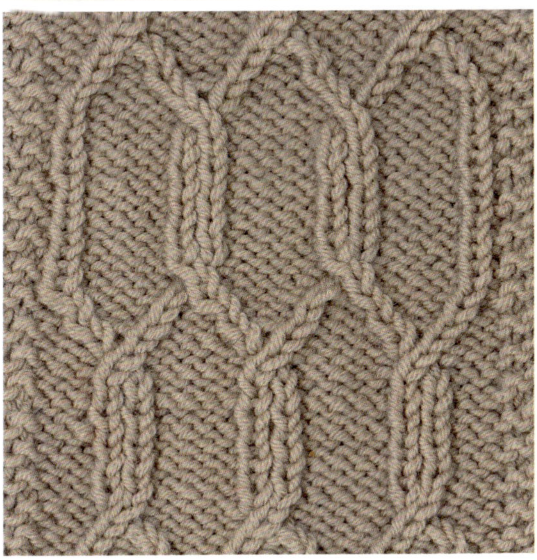

Schwierigkeitsgrad mittel
Kategorie feiner Zopf aus verschränkten Maschen auf glatt links

Maschenzahl teilbar durch 8 + 9 + 2 Randmaschen.

STRICKEN NACH MUSTERBESCHREIBUNG

TIPP: Die Zeichenerklärung zur Strickschrift enthält eine Beschreibung der verwendeten Zopf-Abkürzungen!

1. Reihe (Hinreihe): RandM, 1 M links, * 1 M rechts verschränkt, 5 M links, 1 M rechts verschränkt, 1 M links; ab * stets wiederholen, RandM.
2. Reihe (Rückreihe): RandM, * 1 M rechts, 1 M links, 5 M rechts, 1 M links; ab * stets wiederholen, 1 M rechts, RandM.
3. – 4. Reihe: Die 1. – 2. Reihe noch 1x wiederholen.
5. Reihe: RandM, 1 M links, 1 M rechts verschränkt, 2 M links, * 3 M links, 3er-Zopf (1 M vorne-1re verschr-1li-1re verschr), 2 M links; ab * stets wiederholen, 3 M links, 1 M rechts verschränkt, 1 M links, RandM.
6. Reihe: Wie die 2. Reihe arbeiten.
7. Reihe: RandM, 1 M links, * 2er-Zopf (1 M vorne-1li-1re verschr), 3 M links, 2er-Zopf (1 M hinten-1re verschr-1li), 1 M links; ab * stets wiederholen, RandM.
8. Reihe: RandM, * 2 M rechts, 1 M links, 3 M rechts, 1 M links, 1 M rechts; ab * stets wiederholen, 1 M rechts, RandM.
9. Reihe: RandM, 1 M links, * 1 M links, 2er-Zopf (1 M vorne-1li-1re verschr), 1 M links, 2er-Zopf (1 M hinten-1re verschr-1li), 2 M links; ab * stets wiederholen, RandM.

10. Reihe: RandM, * 3 M rechts, 1 M links, 1 M rechts,1 M links, 2 M rechts; ab * stets wiederholen, 1 M rechts, RandM.
11. Reihe: RandM, 1 M links, * 2 M links, 3er-Zopf (2 M hinten-1re verschr-1li-1re verschr), 3 M links; ab * stets wiederholen, RandM.
12. Reihe: Wie die 10. Reihe arbeiten.
13. Reihe: RandM, 1 M links, * 2 M links, 1 M rechts verschränkt, 1 M links, 1 M rechts verschränkt, 3 M links; ab * RandM.
14. Reihe: Wie die 10. Reihe arbeiten.
15. - 20. Reihe: Die 13. - 14. Reihe 3x wiederholen.
21. - 22. Reihe: Die 11. - 12. Reihe 1x wiederholen.
23. Reihe: RandM, 1 M links, * 1 M links, 2er-Zopf (1 M hinten-1re verschr-1li), * 1 M links, 2er-Zopf (1 M vorne-1li-1re verschr), 2 M links; ab * stets wiederholen, RandM.
24. Reihe: RandM, * 2 M rechts, 1 M links, 3 M rechts, 1 M links, 1 M rechts; ab * stets wiederholen, 1 M rechts, RandM.
25. Reihe: RandM, 1 M links, * 2er-Zopf (1 M hinten-1re verschr-1li), 3 M links, 2er-Zopf (1 M vorne-1li-1re verschr), 1 M links; ab * stets wiederholen, RandM.
26. Reihe: RandM, * 1 M rechts, 1 M links, 5 M rechts, 1 M links; ab * stets wiederholen, 1 M rechts, RandM.
27. Reihe: RandM, 1 M links, 1 M rechts verschränkt, 2 M links, * 3 M links, 3er-Zopf (1 M vorne-1re verschr-1li-1re verschr), 2 M links; ab * stets wiederholen, 3 M links, 1 M rechts verschränkt, 1 M links, RandM.
28. Reihe: Wie die 26. Reihe arbeiten.
29. - 32. Reihe: Die 1. - 2. Reihe 2x wiederholen.

Die 1. - 32. Reihe stets wiederholen.

STRICKEN NACH STRICKSCHRIFT

Es sind die Hinreihen eines Höhenrapportes notiert. Die Maschen sind so bezeichnet, wie sie erscheinen. Die Zeichenerklärung beschreibt, wie sie in der jeweils folgenden Rückreihe gestrickt werden.

In den Hinreihen mit der RandM und der bzw. den M vor dem rechten Pfeil beginnen, den Rapport von 8 M zwischen den Pfeilen stets wiederholen und mit den M und der RandM nach dem linken Pfeil enden.

In den Rückreihen die M entsprechend von links nach rechts lesen. Der Rapport verschiebt sich in einigen Reihen, sodass er nicht durch einzelne Zöpfe verläuft.

Die 1. - 32. Reihe stets wiederholen.

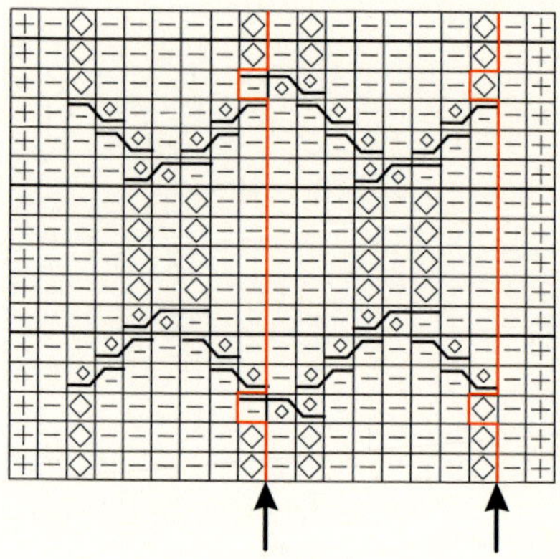

Zeichenerklärung:

+ = RandM
◇ = 1 M rechts verschränkt; in RückR links
– = 1 M links; in RückR rechts
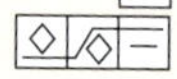 = 3er-Zopf (2 M hinten-1re verschr-1li-1re verschr): 2 M auf einer ZN hinter die Arbeit legen, 1 M rechts verschränkt, dann die 2 M der ZN: 1 M links, 1 M rechts verschränkt; in RückR 1 M links, 1 M rechts, 1 M links
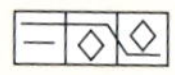 = 3er-Zopf (1 M vorne-1re verschr-1li-1re verschr): 1 M auf einer ZN vor die Arbeit legen, 1 M rechts verschränkt, 1 M links, dann die M der ZN rechts verschränkt; in RückR 1 M links, 1 M rechts, 1 M links
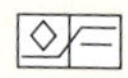 = 2er-Zopf (1 M hinten-1re verschr-1li): 1 M auf einer ZN hinter die Arbeit legen, 1 M rechts verschränkt, dann die M der ZN links; in RückR 1 M links 1 M rechts
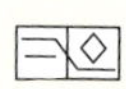 = 2er-Zopf (1 M vorne-1li-1re verschr): 1 M auf einer ZN vor die Arbeit legen, 1 M links, dann die M der ZN rechts verschränkt; in RückR 1 M links 1 M rechts

Sternenzopf

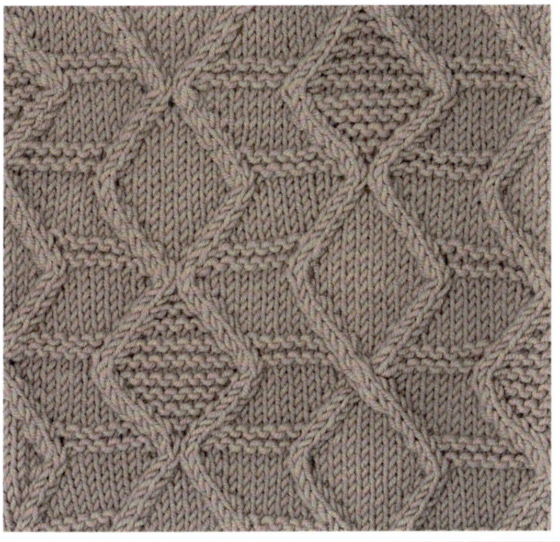

Schwierigkeitsgrad mittel
Kategorie Verzopfungen mit glatt rechts und kraus rechts

Maschenzahl teilbar durch 32 + 16 + 2 Randmaschen.

STRICKEN NACH MUSTERBESCHREIBUNG

TIPP: Die Zeichenerklärung zur Strickschrift enthält eine Beschreibung der verwendeten Zopf-Abkürzungen!

1. Reihe (Hinreihe): RandM, 4 M rechts, 3er-Zopf (1 M hinten), 2 M rechts, * 4 M rechts, 3er-Zopf (1 M hinten), 3er-Zopf (2 M vorne), 6 M rechts, 3er-Zopf (2 M vorne), 8 M rechts, 3er-Zopf (1 M hinten), 2 M rechts; ab * stets wiederholen, 4 M rechts, 3er-Zopf (1 M hinten), RandM.
2. Reihe (Rückreihe): RandM, 3 M links, 4 M rechts, * 2 M rechts, 14 M links, 6 M rechts, 6 M links, 4 M rechts; ab * stets wiederholen, 2 M rechts, 7 M links, RandM.
3. Reihe: RandM, 3 M rechts, 3er-Zopf (1 M hinten), 3 M rechts, * 3 M rechts, 3er-Zopf (1 M hinten), 2 M rechts, 3er-Zopf (2 M vorne), 6 M rechts, 3er-Zopf (2 M vorne), 6 M rechts, 3er-Zopf (1 M hinten), 3 M rechts; ab * stets wiederholen, 3 M rechts, 3er-Zopf (1 M hinten), 1 M rechts, RandM.
4. Reihe: RandM, alle M links, RandM.
5. Reihe: RandM, 2 M rechts, 3er-Zopf (1 M hinten), 4 M rechts, * 2 M rechts, 3er-Zopf (1 M hinten), 4 M rechts, 3er-Zopf (2 M vorne), 6 M rechts, 3er-Zopf (2 M vorne), 4 M rechts, 3er-Zopf (1 M hinten), 4 M rechts; ab * stets wiederholen, 2 M rechts, 3er-Zopf (1 M hinten), 2 M rechts, RandM.
6. Reihe: RandM, alle M links, RandM.
7. Reihe: RandM, 1 M rechts, 3er-Zopf (1 M hinten), 5 M rechts, * 1 M rechts, 3er-Zopf (1 M hinten), 6 M rechts, 3er-Zopf (2 M vorne), 6 M rechts, 3er-Zopf (2 M vorne), 2 M rechts, 3er-Zopf (1 M hinten), 5 M rechts; ab * stets wiederholen, 1 M rechts, 3er-Zopf (1 M hinten), 3 M rechts, RandM.
8. Reihe: RandM, alle M links, RandM.
9. Reihe: RandM, 3er-Zopf (1 M hinten), 6 M rechts, * 3er-Zopf (1 M hinten), 8 M rechts, 3er-Zopf (2 M vorne), 6 M rechts, 3er-Zopf (2 M vorne), 3er-Zopf (1 M hinten), 6 M rechts; ab * stets wiederholen, 3er-Zopf (1 M hinten), 4 M rechts, RandM.
10. Reihe: RandM, 7 M links, * 6 M rechts, 6 M links, 6 M rechts, 14 M links; ab * stets wiederholen, 6 M rechts, 3 M links, RandM.
11. Reihe: RandM, 3er-Zopf (2 M vorne), 6 M rechts, * 3er-Zopf (2 M vorne), 8 M rechts, 3er-Zopf (1 M hinten), 6 M rechts, 3er-Zopf (1 M hinten), 3er-Zopf (2 M vorne), 6 M rechts; ab * stets wiederholen, 3er-Zopf (2 M vorne), 4 M rechts, RandM.
12. Reihe: Wie die 10. Reihe arbeiten.
13. Reihe: RandM, 1 M rechts, 3er-Zopf (2 M vorne), 5 M rechts, * 1 M rechts, 3er-Zopf (2 M vorne), 6 M rechts, 3er-Zopf (1 M hinten), 6 M rechts, 3er-Zopf (1 M hinten), 2 M rechts, 3er-Zopf (2 M vorne), 5 M rechts; ab * stets wiederholen, 1 M rechts, 3er-Zopf (2 M vorne), 3 M rechts, RandM.
14. Reihe: RandM, 7 M links, * 8 M links, 2 M rechts, 22 M links; ab * stets wiederholen, 8 M links, 1 M rechts, RandM.
15. Reihe: RandM, 2 M rechts, 3er-Zopf (2 M vorne), 4 M rechts, * 2 M rechts, 3er-Zopf (2 M vorne), 4 M rechts, 3er-Zopf (1 M hinten), 6 M rechts, 3er-Zopf (1 M hinten), 4 M rechts, 3er-Zopf (2 M vorne), 4 M rechts; ab * stets wiederholen, 2 M rechts, 3er-Zopf (2 M vorne), 2 M rechts, RandM.
16. Reihe: RandM, 7 M links, * 7 M links, 4 M rechts, 21 M links; ab * stets wiederholen, 7 M links, 2 M rechts, RandM.

17. Reihe: RandM, 3 M rechts, 3er-Zopf (2 M vorne), 3 M rechts, * 3 M rechts, 3er-Zopf (2 M vorne), 2 M rechts, 3er-Zopf (1 M hinten), 6 M rechts, 3er-Zopf (1 M hinten), 6 M rechts, 3er-Zopf (2 M vorne), 3 M rechts; ab * stets wiederholen, 3 M rechts, 3er-Zopf (2 M vorne), 1 M rechts, RandM.
18. Reihe: RandM, 7 M links, * 6 M links, 6 M rechts, 20 M links; ab * stets wiederholen, 6 M links, 3 M rechts, RandM.
19. Reihe: RandM, 4 M rechts, 3er-Zopf (2 M vorne), 2 M rechts, * 4 M rechts, 6er-Zopf (3 M vorne), 6 M rechts, 3er-Zopf (1 M hinten), 8 M rechts, 3er-Zopf (2 M vorne), 2 M rechts; ab * stets wiederholen, 4 M rechts, 3er-Zopf (2 M vorne), RandM.
20. Reihe: RandM, 3 M links, 4 M rechts, * 2 M rechts, 3 M links, 8 M rechts, 3 M links, 6 M rechts, 6 M links, 4 M rechts; ab * stets wiederholen, 2 M rechts, 3 M links, 4 M rechts, RandM.
21. Reihe: RandM, 4 M rechts, 3er-Zopf (1 M hinten), 2 M rechts, * 4 M rechts, 3er-Zopf (1 M hinten), 3er-Zopf (2 M vorne), 6 M rechts, 3er-Zopf (2 M vorne), 8 M rechts, 3er-Zopf (1 M hinten), 2 M rechts; ab * stets wiederholen, 4 M rechts, 3er-Zopf (1 M hinten), RandM.
22. Reihe: Wie die 20. Reihe arbeiten.
23. Reihe: RandM, 3 M rechts, 3er-Zopf (1 M hinten), 3 M rechts, * 3 M rechts, 3er-Zopf (1 M hinten), 2 M rechts, 3er-Zopf (2 M vorne), 6 M rechts, 3er-Zopf (2 M vorne), 6 M rechts, 3er-Zopf (1 M hinten), 3 M rechts; ab * stets wiederholen, 3 M rechts, 3er-Zopf (1 M hinten), 1 M rechts, RandM.
24. Reihe: Wie die 18. Reihe arbeiten.
25. Reihe: RandM, 2 M rechts, 3er-Zopf (1 M hinten), 4 M rechts, * 2 M rechts, 3er-Zopf (1 M hinten), 4 M rechts, 3er-Zopf (2 M vorne), 6 M rechts, 3er-Zopf (2 M vorne), 4 M rechts, 3er-Zopf (1 M hinten), 4 M rechts; ab * stets wiederholen, 2 M rechts, 3er-Zopf (1 M hinten), 2 M rechts, RandM.
26. Reihe: Wie die 16. Reihe arbeiten.
27. Reihe: RandM, 1 M rechts, 3er-Zopf (1 M hinten), 5 M rechts, * 1 M rechts, 3er-Zopf (1 M hinten), 6 M rechts, 3er-Zopf (2 M vorne), 6 M rechts, 3er-Zopf (2 M vorne), 2 M rechts, 3er-Zopf (1 M hinten), 5 M rechts; ab * stets wiederholen, 1 M rechts, 3er-Zopf (1 M hinten), 3 M rechts, RandM.
28. Reihe: Wie die 14. Reihe arbeiten.
29. - 33. Reihe: Wie 9. - 13. Reihe arbeiten.
34. Reihe: RandM, alle M links, RandM.
35. Reihe: Wie die 15. Reihe arbeiten.
36. Reihe: RandM, alle M links, RandM.
37. Reihe: Wie die 17. Reihe arbeiten.
38. Reihe: RandM, alle M links, RandM.
39. Reihe: RandM, 4 M rechts, 3er-Zopf (2 M vorne), 2 M rechts, * 4 M rechts, 3er-Zopf (2 M vorne), 3er-Zopf (1 M hinten), 6 M rechts, 3er-Zopf (1 M hinten), 8 M rechts, 3er-Zopf (2 M vorne), 2 M rechts; ab * stets wiederholen, 4 M rechts, 3er-Zopf (2 M vorne), RandM.
40. Reihe: RandM, 3 M links, 4 M rechts, * 2 M rechts, 14 M links, 6 M rechts, 6 M links, 4 M rechts; ab * stets wiederholen, 2 M rechts, 7 M links, RandM.
41. Reihe: Wie die 21. Reihe arbeiten.
42. Reihe: Wie die 40. Reihe arbeiten.
43. Reihe: Wie die 23. Reihe arbeiten.
44. Reihe: RandM, 1 M rechts, 6 M links, * 24 M links, 2 M rechts, 6 M links; ab * stets wiederholen, 9 M links, RandM.
45. Reihe: Wie die 25. Reihe arbeiten.
46. Reihe: RandM, 2 M rechts, 5 M links, * 23 M links, 4 M rechts, 5 M links; ab * stets wiederholen, 9 M links, RandM.
47. Reihe: Wie die 27. Reihe arbeiten.
48. Reihe: RandM, 3 M rechts, 4 M links, * 22 M links, 6 M rechts, 4 M links; ab * stets wiederholen, 9 M links, RandM.
49. Reihe: RandM, 3er-Zopf (1 M hinten), 6 M rechts, * 3er-Zopf (1 M hinten), 8 M rechts, 3er-Zopf (2 M vorne), 6 M rechts, 6er-Zopf (3 M vorne), 6 M rechts; ab * stets wiederholen, 3er-Zopf (1 M hinten), 4 M rechts, RandM.
50. Reihe: RandM, 4 M rechts, 3 M links, * 6 M rechts, 6 M links, 6 M rechts, 3 M links, 8 M rechts, 3 M links; ab * stets wiederholen, 6 M rechts, 3 M links, RandM.
51. Reihe: Wie die 11. Reihe arbeiten.
52. Reihe: Wie die 50. Reihe arbeiten.
53. Reihe: Wie die 13. Reihe arbeiten.
54. Reihe: Wie die 48. Reihe arbeiten.
55. Reihe: Wie die 15. Reihe arbeiten.
56. Reihe: Wie die 46. Reihe arbeiten.
57. Reihe: Wie die 17. Reihe arbeiten.
58. Reihe: Wie die 44. Reihe arbeiten.
59. Reihe: Wie die 39. Reihe arbeiten.
60. Reihe: Wie die 40. Reihe arbeiten.

Die 1. - 60. Reihe stets wiederholen.

STRICKEN NACH STRICKSCHRIFT

Es sind die Hinreihen eines Höhenrapportes notiert. Die Maschen sind so bezeichnet, wie sie erscheinen. Die Zeichenerklärung beschreibt, wie sie in der jeweils folgenden Rückreihe gestrickt werden.

In den Hinreihen mit der RandM und der bzw den vor dem rechten Pfeil beginnen, den Rapport von 8 M zwischen den Pfeilen stets wiederholen und mit den M und der RandM nach dem linken Pfeil enden. In den Rückreihen die M entsprechend von links nach rechts lesen.

Die 1. - 60. Reihe stets wiederholen.

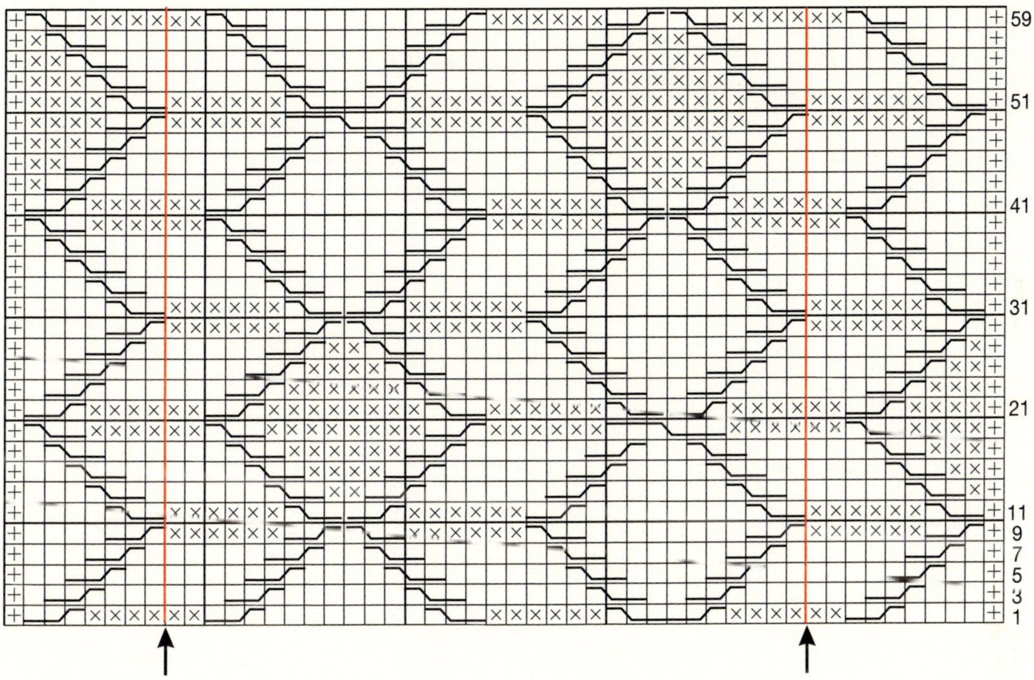

Zeichenerklärung:

[+] = RandM
[ ] = 1 M glatt rechts; in RückR links
[X] = 1 M kraus rechts; in RückR rechts
[–] = 1 M links; in RückR rechts
= 3er Zopf (1 M hinten): 1 M auf einer ZN hinter die Arbeit legen, 1 M rechts, dann die 2 M der ZN rechts; in RückR 3 M links
= 3er Zopf (2 M vorne): 1 M auf einer ZN hinter die Arbeit legen, 2 M rechts, dann die M der ZN rechts; in RückR 3 M links

Rosengartenzopf

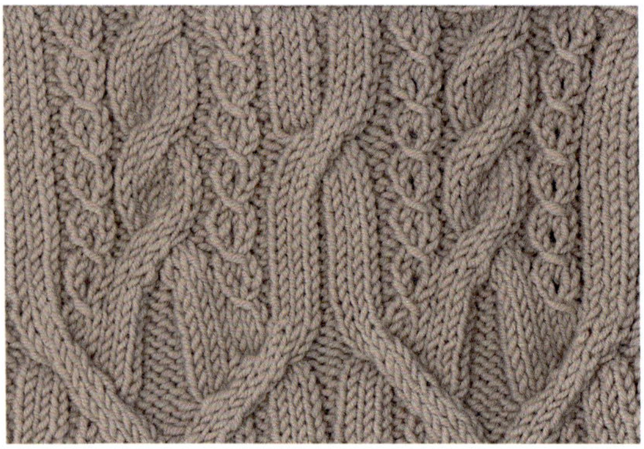

Schwierigkeitsgrad mittel bis schwer
Kategorie verschiedene, schön geschlungene und glatt rechts gestrickte Zopfarten auf glatt links

Maschenzahl teilbar durch 28 + 2 Randmaschen.

STRICKEN NACH MUSTERBESCHREIBUNG

TIPP: Die Zeichenerklärung zur Strickschrift enthält eine Beschreibung der verwendeten Zopf-Abkürzungen!

1. Reihe (Hinreihe): RandM, * 1 M links, 3 M rechts, 2 M links, 3er-Überzugzopf, 1 M links, 4er-Zopf (1 M hinten-3re-1li), 4er-Zopf (3 M vorne-1li-3re), 1 M links, 3er-Überzugzopf, 2 M links, 3 M rechts, 1 M links; ab * stets wiederholen, RandM.
2. Reihe (Rückreihe): RandM, * 1 M rechts, 3 M links, 2 M rechts, (1 M links, 1 Umschlag 1 M links), 1 M rechts, 3 M links, 2 M rechts, 3 M links, 1 M rechts, (1 M links, 1 Umschlag 1 M links), 2 M rechts, 3 M links, 1 M rechts; ab * stets wiederholen, RandM.
3. Reihe: RandM, * 1 M links, 3 M rechts, 2 M links, 3 M rechts, 4er-Zopf (1 M hinten-3re-1li), 2 M links, 4er-Zopf (3 M vorne-1li-3re), 3 M rechts, 2 M links, 3 M rechts, 1 M links; ab * stets wiederholen, RandM.
4. Reihe: RandM, * 1 M rechts, 3 M links, 2 M rechts, 6 M links, 4 M rechts, 6 M links, 2 M rechts, 3 M links, 1 M rechts; ab * stets wiederholen, RandM.
5. Reihe: RandM, * 1 M links, 3 M rechts, 2 M links, 6er-Zopf (3 M hinten), 4 M links, 6er-Zopf (3 M vorne), 2 M links, 3 M rechts, 1 M links; ab* stets wiederholen, RandM.
6. Reihe: Wie die 4. Reihe arbeiten.
7. Reihe: RandM, * 1 M links, 3 M rechts, 2 M links, 6 M rechts, 4 M links, 6 M rechts, 2 M links, 3 M rechts, 1 M links; ab* stets wiederholen, RandM.
8. Reihe: Wie die 4. Reihe arbeiten.
9. Reihe: RandM, * 1 M links, 8er-Zopf (5 M hinten-3re-2li-3re), 3 M rechts, 4 M links, 3 M rechts, 8er-Zopf (3 M vorne-3re-2li-3re), 1 M links; ab * stets wiederholen, RandM.
10. Reihe: Wie die 4. Reihe arbeiten.
11. - 12. Reihe: Die 7. - 8. Reihe 1x wiederholen.
13. Reihe: RandM, * 1 M links, 3 M rechts, 2 M links, 3er-Überzugzopf, 3 M rechts, 4 M links, 3 M rechts, 3er-Überzugzopf, 2 M links, 3 M rechts, 1 M links; ab * stets wiederholen, RandM.
14. Reihe: RandM, * 1 M rechts, 3 M links, 2 M rechts, (1 M links, 1 Umschlag, 1 M links), 3 M links, 4 M rechts, 3 M links, (1 M links, 1 Umschlag 1 M links), 2 M rechts, 3 M links, 1 M rechts; ab * stets wiederholen, RandM.
15. Reihe: RandM, * 1 M links, 3 M rechts, 2 M links, 3 M rechts, 4er-Zopf (3 M vorne-1li-3re), 2 M links, 4er-Zopf (1 M hinten-3re-1li), 3 M rechts. 2 M links, 3 M rechts,1 M links; ab * stets wiederholen, RandM.
16. Reihe: RandM, * 1 M rechts, 3 M links, 2 M rechts, 3 M links, 1 M rechts, 3 M links, 2 M rechts, 3 M links, 1 M rechts, 3 M links, 2 M rechts, 3 M links, 1 M rechts; ab * stets wiederholen, RandM.
17. Reihe: RandM, * 1 M links, 3 M rechts, 2 M links, 3er-Überzugzopf, 1 M links, 4er-Zopf (3 M vorne-1li-3re), 4er-Zopf (1 M hinten-3re-1li), 1 M links, 3er-Überzugzopf, 2 M links, 3 M rechts, 1 M links; ab * stets wiederholen, RandM.
18. Reihe: RandM, * 1 M rechts, 3 M links, 2 M rechts, (1 M links, 1 Umschlag, 1 M links), 2 M rechts, 6 M links, 2 M rechts, (1 M links, 1 Umschlag, 1 M links), 2 M rechts, 3 M links, 1 M rechts; ab * stets wiederholen, RandM.
19. Reihe: RandM, * 1 M links, [3 M rechts, 2 M links] 2x, 6er-Zopf (3 M hinten), [2 M links, 3 M rechts] 2x, 1 M links; ab * stets wiederholen, RandM.
20. Reihe: RandM, * 1 M rechts, [3 M links, 2 M rechts] 2x, 6 M links, [2 M rechts, 3 M links] 2x, 1 M rechts; ab * stets wiederholen, RandM.
21. Reihe: RandM, * 1 M links, 3 M rechts, 2 M

links, 3er-Überzugzopf, 2 M links, 6 M rechts, 2 M links, 3er-Überzugzopf, 2 M links, 3 M rechts, 1 M links; ab * stets wiederholen, RandM.
22. Reihe: Wie die 18. Reihe arbeiten.
23. Reihe: RandM, * 1 M links, [3 M rechts, 2 M links] 2x, 6 M rechts, [2 M links, 3 M rechts] 2x, 1 M links; ab* stets wiederholen, RandM.
24. Reihe: Wie die 18. Reihe arbeiten.
25. - 26. Reihe: Wie die 21. - 22. Reihe arbeiten.
27. Reihe: RandM, 1 M links, [3 M rechts, 2 M links] 2x, * 6er-Zopf (3 M hinten), 2 M links, 3 M rechts, 2 M links, 8er-Zopf (5 M hinten-3re-2li-3re), 2 M links, 3 M rechts, 2 M links; ab * stets wiederholen, 6er-Zopf (3 M hinten), [2 M links, 3 M rechts] 2x, 1 M links, RandM.
28. Reihe: Wie die 20. Reihe arbeiten.
29. - 32. Reihe: Wie die 21. - 24. Reihe arbeiten.
33. - 34. Reihe: Wie die 21. - 22. Reihe arbeiten.
35. - 36. Reihe: Wie die 19.- 20. Reihe arbeiten.

Die 1. - 36. Reihe stets wiederholen.

STRICKEN NACH STRICKSCHRIFT

Es sind die Hinreihen eines Höhenrapportes notiert. Die Maschen sind so bezeichnet, wie sie erscheinen. Die Zeichenerklärung beschreibt, wie sie in der jeweils folgenden Rückreihe gestrickt werden.

In den Hinreihen mit der RandM und den 14 vor dem rechten Pfeil beginnen, den Rapport von 28 M zwischen den Pfeilen stets wiederholen und mit den 14 M und der RandM nach dem linken Pfeil enden. In den Rückreihen die M entsprechend von links nach rechts lesen.

Die 1. - 36. Reihe stets wiederholen.

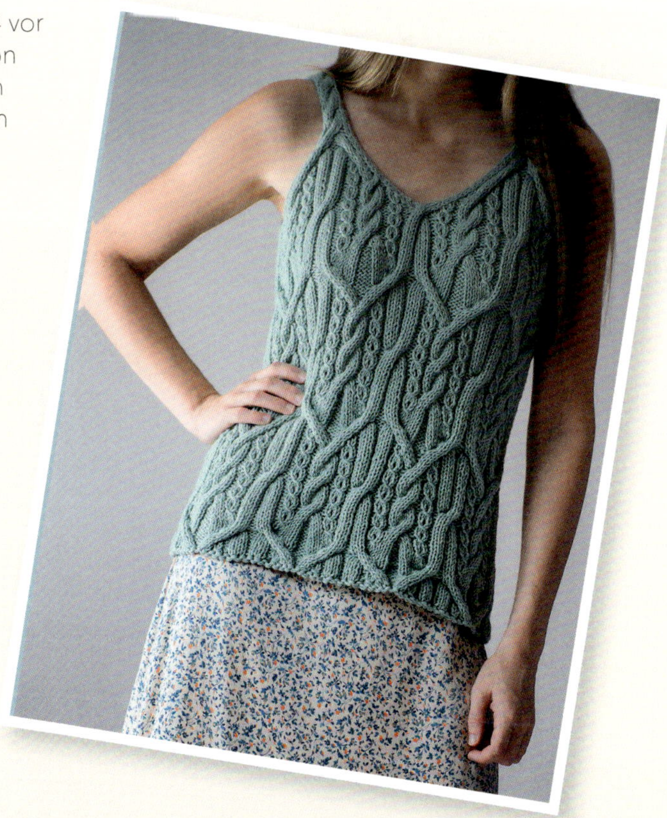

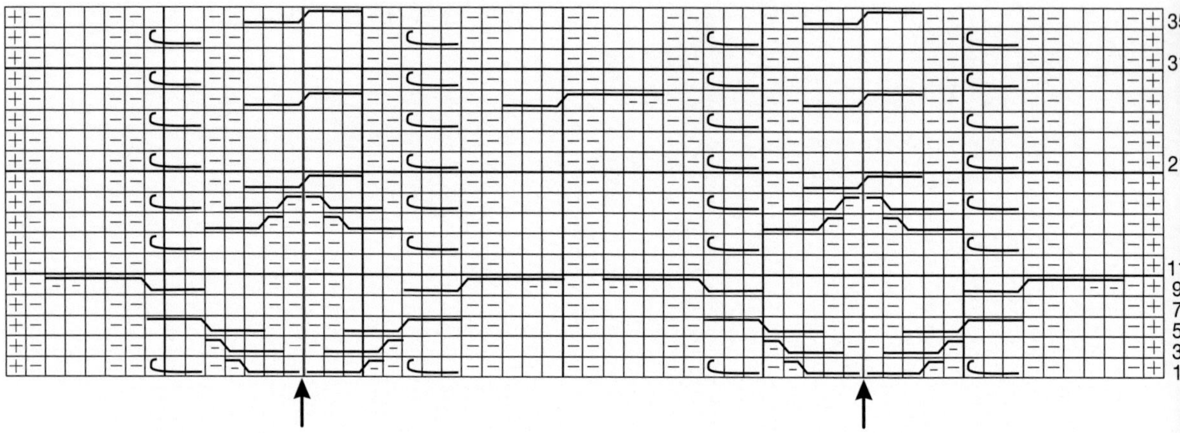

Zeichenerklärung:

= RandM

= 1 M rechts; in RückR links

= 1 M links; in RückR rechts

= 6er-Zopf (3 M hinten): 3 M auf einer ZN hinter die Arbeit legen, 3 M rechts, dann die 3 M der ZN rechts; in RückR 6 M links

= 6er-Zopf (3 M vorne): 3 M auf einer ZN vor die Arbeit legen, 3 M rechts, dann die 3 M der ZN rechts; in RückR 6 M links

= 4er-Zopf (1 M hinten-3re-1li): 1 M auf der ZN hinter die Arbeit, 3 M rechts, dann die M der ZN links; in RückR 1 M rechts, 3 M links

= 4er-Zopf (3 M vorne-1li-3re): 3 M auf der ZN vor die Arbeit, 1 M links, dann die 3 M der ZN rechts; in RückR 3 M links, 1 M rechts

= 8er-Zopf (5 M hinten-3re-2li-3re): 5 M auf der ZN hinter die Arbeit legen, 3 M rechts, dann die 5 M der ZN: 2 M links, 3 M rechts; in RückR 3 M links, 2 M rechts, 3 M links

= 8er-Zopf (3 M vorne-3re-2li-3re): 3 M auf der ZN vor die Arbeit legen, 3 M rechts, 2 M links, M der ZN rechts; in RückR 3 M links, 2 M rechts, 3 M links

= 3er-Überzugzopf: 1 M wie zum Rechtsstricken abheben, 2 M rechts, dann die abgehobene M über die letzten 2 M ziehen; in RückR 1 M links, 1 Umschlag, 1 M links (durch den Umschlag in der Rückreihe gleicht sich die Mzahl wieder aus)

Tanzender Zopf

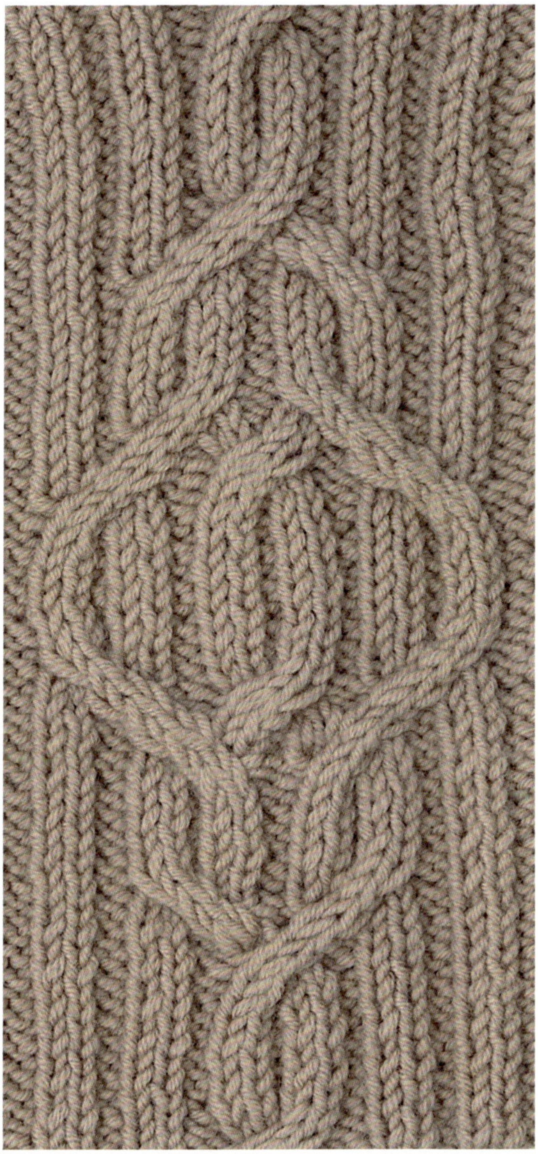

Schwierigkeitsgrad mittel
Kategorie Zopf in Rippenmuster integriert

Maschenzahl teilbar durch 24 + 2 + 2 Randmaschen.

STRICKEN NACH MUSTERBESCHREIBUNG

TIPP: Die Zeichenerklärung zur Strickschrift enthält eine Beschreibung der verwendeten Zopf-Abkürzungen!

1. Reihe (Hinreihe): RandM, * [2 M links, 2 M rechts] 2x, 2 M links, 6er-Zopf (4 M hinten-2re-2li-2re), [2 M links, 2 M rechts] 2x; ab * stets wiederholen, 2 M links, RandM.
2. Reihe (Rückreihe): RandM, 2 M rechts, * 2 M links, 2 M rechts; ab * stets wiederholen, RandM.
3. Reihe: RandM, * 2 M links, 2 M rechts; ab * stets wiederholen, 2 M links, RandM.
4. - 10. Reihe: Die 2. - 3. Reihe noch 3x wiederholen, dann noch 1x die 2. Reihe arbeiten.
11. - 12. Reihe: Wie die 1. - 2. Reihe arbeiten.
13. Reihe: RandM, * [2 M links, 2 M rechts] 2x, 4er-Zopf (2 M hinten), 2 M links, 4er-Zopf (2 M vorne), 2 M rechts, 2 M links, 2 M rechts; ab * stets wiederholen, 2 M links, RandM.
14. Reihe: RandM, 2 M rechts, * 2 M links, 2 M rechts, 6 M links, 2 M rechts, 6 M links, 2 M rechts, 2 M links, 2 M rechts; ab * stets wiederholen, RandM.
15. Reihe: RandM, * 2 M links, 2 M rechts, 2 M links, 4er-Zopf (2 M hinten-2re-2li), 2 M rechts, 2 M links, 2 M rechts, 4er-Zopf (2 M vorne-2li-2re), 2 M links, 2 M rechts; ab * stets wiederholen, 2 M links, RandM.
16. - 20. Reihe: Die 2. - 3. Reihe 2x wiederholen, dann noch 1x die 2. Reihe arbeiten.
21. - 24. Reihe: Wie die 13. - 16. Reihe arbeiten.
25. Reihe: RandM, * 2 M links, 2 M rechts, 4er-Zopf (2 M hinten), 2 M links, 6er-Zopf (4 M hinten-2re-2li-2re), 2 M links, 4er-Zopf (2 M vorne), 2 M rechts; ab * stets wiederholen, 2 M links, RandM.
26. Reihe: RandM, 2 M rechts, * 6 M links, [2 M rechts, 2 M links] 2x, 2 M rechts, 6 M links, 2 M rechts; ab *stets wiederholen, RandM.
27. Reihe: RandM, * 2 M links, 4er-Zopf (2 M hinten-2re-2li), [2 M rechts 2 M links] 3x, 2 M rechts, 4er-Zopf (2 M vorne-2li-2re); ab * stets wiederholen, 2 M links, RandM.
28. - 34. Reihe: Die 2. - 3. Reihe 3x wiederholen, dann noch 1x die 2. Reihe arbeiten.
35. Reihe: RandM, * 2 M links, 4er-Zopf (2 M vorne), [2 M rechts, 2 M links] 3x, 2 M rechts, 4er-Zopf (2 M hinten); ab * stets wiederholen, 2 M links, RandM.
36. Reihe: RandM, 2 M rechts, * 6 M links, [2 M rechts, 2 M links] 2x, 2 M rechts, 6 M links, 2 M rechts; ab *stets wiederholen, RandM.

37. Reihe: RandM, * 2 M links, 2 M rechts, 4er-Zopf (2 M vorne-2li-2re), 2 M links, 6er-Zopf (4 M hinten-2re-2li-2re), 2 M links, 4er-Zopf (2 M hinten-2re-2li), 2 M rechts; ab * stets wiederholen, 2 M links, RandM.
38. Reihe: RandM, 2 M rechts, * 2 M links, 2 M rechts; ab * stets wiederholen, RandM.
39. Reihe: RandM, * 2 M links, 2 M rechts, 2 M links, 4er-Zopf (2 M vorne), 2 M rechts, 2 M links, 2 M rechts, 4er-Zopf (2 M hinten), 2 M links, 2 M rechts; ab * stets wiederholen, 2 M links, RandM.
40. Reihe: RandM, 2 M rechts, * 2 M links, 2 M rechts, 6 M links, 2 M rechts, 6 M links, 2 M rechts, 2 M links, 2 M rechts; ab * stets wiederholen, RandM.
41. Reihe: RandM, * [2 M links, 2 M rechts] 2x, 4er-Zopf (2 M vorne-2li-2re), 2 M links, 4er-Zopf (2 M hinten-2re-2li), 2 M rechts, 2 M links, 2 M recht; ab * stets wiederholen, 2 M links, RandM.
42. - 46. Reihe: Die 2. - 3. Reihe 2x wiederholen, dann noch 1x die 2. Reihe arbeiten.
47. - 50. Reihe: Wie 39. - 42. Reihe arbeiten.
51. - 60. Reihe: Wie 1. - 10. Reihe arbeiten.

Die 1. - 60. Reihe stets wiederholen, dann noch einmal die 1. - 4. Reihe arbeiten, um das Muster schön abzuschließen.

STRICKEN NACH STRICKSCHRIFT

Es sind die Hinreihen eines Höhenrapportes notiert. Die Maschen sind so bezeichnet, wie sie erscheinen. Die Zeichenerklärung beschreibt, wie sie in der jeweils folgenden Rückreihe gestrickt werden.

In den Hinreihen mit der RandM vor dem rechten Pfeil beginnen, den Rapport von 24 M zwischen den Pfeilen stets wiederholen und mit den 2 M und der RandM nach dem linken Pfeil enden. In den Rückreihen die M entsprechend von links nach rechts lesen.

Die 1. - 60. Reihe stets wiederholen, dann noch einmal die 1. - 4. Reihe arbeiten, um das Muster schön abzuschließen.

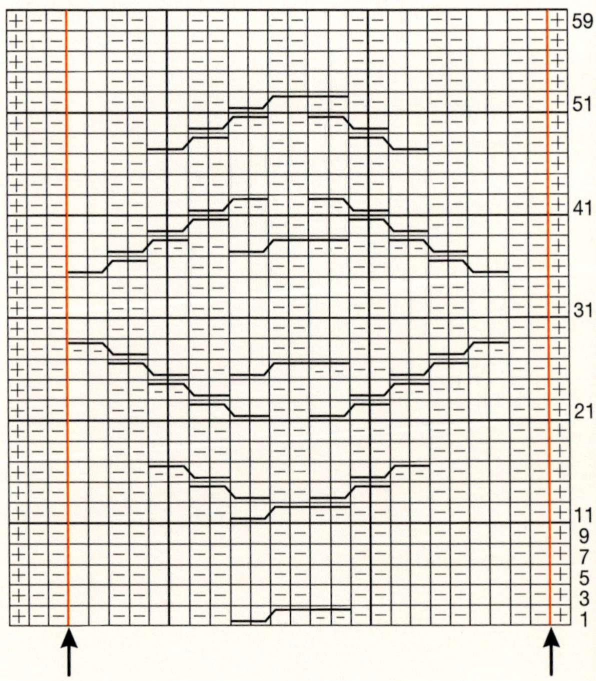

Zeichenerklärung:

= RandM
= 1 M rechts; in RückR links
= 1 M links; in RückR rechts
= 4er-Zopf (2 M hinten): 2 M auf einer ZN hinter die Arbeit legen, 2 M rechts, dann die 2 M der ZN rechts; in RückR alle 4 M links
= 4er-Zopf (2 M vorne): 2 M auf einer ZN vor die Arbeit legen, 2 M rechts, dann die 2 M der ZN rechts; in RückR alle 4 M links
= 4er-Zopf (2 M hinten-2re-2li): 2 M auf der ZN hinter die Arbeit legen, 2 M rechts, dann die 2 M der ZN links; in RückR 2 M rechts, 2 M links
= 4er-Zopf (2 M vorne-2li-2re): 2 M auf der ZN vor die Arbeit, 2 M links, dann die 2 M der ZN rechts; in RückR 2 M links, 2 M rechts
= 6er-Zopf (4 M hinten-2re-2li-2re): 4 M auf einer ZN hinter die Arbeit legen, 2 M rechts, dann die 4 M der ZN: 2 M links, 2 M rechts; in RückR 2 M links, 2 M rechts, 2 M links

Herzenszopf

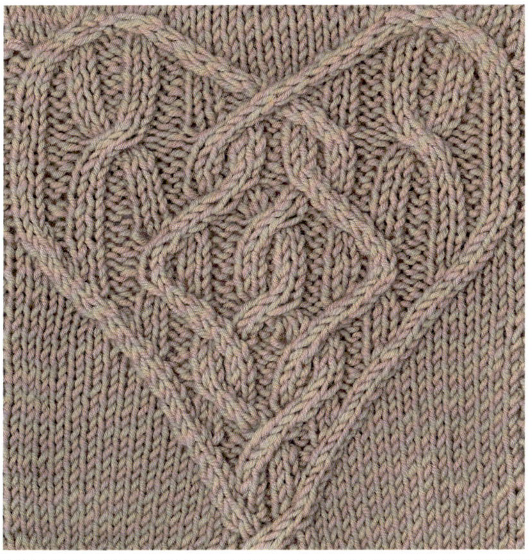

Schwierigkeitsgrad mittel
Kategorie Schöne Symbiose des Rippenzopfes „tanzenden Zöpfe" von Seite 35 mit einem einzelnen Herzmotiv auf glatt rechts

Maschenzahl teilbar durch 40 + 2 Randmaschen.

Herzbogen rechts: * Den Querfaden von vorne auf die linke Nadel heben und rechts verschränkt abstricken; ab * noch 1x wiederholen, dann die nächsten 3 M abheben und nacheinander erst die mittlere M, dann die rechte M über die linke M ziehen, diese letzte M zurück auf die linke Nadel heben und rechts stricken.

Herzbogen links: 3 M abheben, dann nacheinander erst die mittlere M, dann die rechte M über die linke. M ziehen, diese letzte M zurück auf die linke Nadel heben und rechts stricken, dann * den Querfaden von vorne auf die linke Nadel heben und rechts verschränkt abstricken; ab * noch 1x wiederholen.

STRICKEN NACH MUSTERBESCHREIBUNG

TIPP: Die Zeichenerklärung zur Strickschrift enthält eine Beschreibung der verwendeten Zopf-Abkürzungen!

1. Reihe (Hinreihe): RandM, 17 M rechts, 6er-Zopf (4 M hinten-2re-2li-2re), 17 M rechts, RandM.
2. Reihe (Rückreihe): RandM, 19 M links, 2 M rechts, 19 M links, RandM.
3. Reihe: RandM, 15 M rechts, 4er-Zopf (2 M hinten), 2 M links, 4er-Zopf (2 M vorne), 15 M rechts, RandM.
4. Reihe: Wie die 2. Reihe arbeiten.
5. Reihe: RandM, 13 M rechts, 4er-Zopf (2 M hinten-2re-2li), 2 M rechts, 2 M links, 2 M rechts, 4er-Zopf (2 M vorne-2li-2re), 13 M rechts, RandM.
6. Reihe: RandM, 15 M links, [2 M rechts, 2 M links] 2x, 2 M rechts, 15 M links, RandM.
7. Reihe: RandM, 12 M rechts, 3er-Zopf (1 M hinten), [2 M links, 2 M rechts] 2x, 2 M links, 3er-Zopf (2 M vorne), 12 M rechts, RandM.
8. Reihe: Wie die 6. Reihe arbeiten.
9. Reihe: RandM, 11 M rechts, 3er-Zopf (1 M hinten), 1 M rechts, [2 M links, 2 M rechts] 2x, 2 M links, 1 M rechts, 3er-Zopf (2 M vorne), 12 M rechts, RandM.
10. Reihe: Wie die 6. Reihe arbeiten.
11. Reihe: RandM, 10 M rechts, 3er-Zopf (1 M hinten-2 re-1 li), 2 M rechts, 2 M links, 6er-Zopf (4 M hinten-2re-2li-2re), 2 M links, 2 M rechts, 3er-Zopf (2 M vorne-1li-2re), 10 M rechts, RandM.
12. Reihe: RandM, 12 M links, 1 M rechts, [2 M links, 2 M rechts] 3x, 2 M links, 1 M rechts, 12 M links, RandM.
13. Reihe: RandM, 9 M rechts, 3er-Zopf (1 M hinten-2 re-1 li), 1 M links, 2 M rechts, 4er-Zopf (2 M hinten), 2 M links, 4er-Zopf (2 M vorne), 2 M rechts, 1 M links, 3er-Zopf (2 M vorne-1li-2re), 9 M rechts, RandM.
14. Reihe: RandM, 11 M links, [2 M rechts, 6 M links] 2x, 2 M rechts, 11 M links, RandM.
15. Reihe: RandM, 8 M rechts, 3er-Zopf (1 M hinten), 2 M links, 4er-Zopf (2 M hinten-2re-2li), 2 M rechts, 2 M links, 2 M rechts, 4er-Zopf (2 M vorne-2li-2re), 2 M links, 3er-Zopf (2 M vorne), 8 M rechts, RandM.
16. Reihe: RandM, 11 M links, [2 M rechts, 2 M links] 4x, 2 M rechts, 11 M links, RandM.
17. Reihe: RandM, 7 M rechts, 3er-Zopf (1 M hinten), 1 M rechts, [2 M links, 2 M rechts] 4x,

2 M links, 1 M rechts, 3er-Zopf (2 M vorne), 7 M rechts, RandM.
18. Reihe: Wie die 16. Reihe arbeiten.
19. Reihe: RandM, 6 M rechts, 3er-Zopf (1 M hinten-2re-1li), 2 M rechts, 2 M links, 2 M rechts, 4er-Zopf (2 M hinten), 2 M links, 4er-Zopf (2 M vorne), 2 M rechts, 2 M links, 2 M rechts, 3er-Zopf (2 M vorne-1li-2re), 6 M rechts, RandM.
20. Reihe: RandM, 8 M links, 1 M rechts, 2 M links, [2 M rechts, 6 M links] 2x, 2 M rechts, 2 M links, 1 M rechts, 8 M links, RandM.
21. Reihe: RandM, 5 M rechts, 3er-Zopf (1 M hinten-2re-1li), 1 M links, 2 M rechts, 2 M links, 4er-Zopf (2 M hinten-2re-2li), 2 M rechts, 2 M links, 2 M rechts, 4er-Zopf (2 M vorne-2li-2re), 2 M links, 2 M rechts, 1 M links, 3er-Zopf (2 M vorne-1li-2re), 5 M rechts, RandM.
22. Reihe: RandM, 7 M links, [2 M rechts, 2 M links] 6x, 2 M rechts, 7 M links, RandM.
23. Reihe: RandM, 4 M rechts, 3er-Zopf (1 M hinten), 2 M links, 2 M rechts, 4er-Zopf (2 M hinten), 2 M links, 6er-Zopf (4 M hinten-2re-2li-2re), 2 M links, 4er-Zopf (2 M vorne), 2 M rechts, 2 M links, 3er-Zopf (2 M vorne), 4 M rechts, RandM.
24. Reihe: RandM, 7 M links, 2 M rechts, 6 M links, [2 M rechts, 2 M links] 2x, 2 M rechts, 6 M links, 2 M rechts, 7 M links, RandM.
25. Reihe: RandM, 3 M rechts, 3er-Zopf (1 M hinten), 1 M rechts, 2 M links, 4er-Zopf (2 M hinten-2re-2li), [2 M rechts, 2 M links] 3x, 2 M rechts, 4er-Zopf (2 M vorne-2li-2re), 2 M links, 1 M rechts, 3er-Zopf (2 M vorne), 3 M rechts, RandM.
26. Reihe: RandM, 7 M links, [2 M rechts, 2 M links] 6x, 2 M rechts, 7 M links, RandM.
27. Reihe: RandM, 2 M rechts, 3er-Zopf (1 M hinten-2re-1li), [2 M rechts, 2 M links] 7x, 2 M rechts, 3er-Zopf (2 M vorne-1li-2re), 2 M rechts, RandM.
28. Reihe: RandM, 4 M links, 1 M rechts, [2 M links, 2 M rechts] 7x, 2 M links, 1 M rechts, 4 M links, RandM.
29. Reihe: RandM, 1 M rechts, 3er-Zopf (1 M hinten-2re-1li), 1 M links, 2 M rechts, 2 M links, 4er-Zopf (2 M vorne), [2 M rechts, 2 M links] 3x, 2 M rechts, 4er-Zopf (2 M hinten), 2 M links, 2 M rechts, 1 M links, 3er-Zopf (2 M vorne-1li-2re), 1 M rechts, RandM.
30. Reihe: RandM, 3 M links, 2 M rechts, 2 M links, 2 M rechts, 6 M links, [2 M rechts, 2 M links] 2x, 2 M rechts, 6 M links, 2 M rechts, 2 M links, 2 M rechts, 3 M links, RandM.
31. Reihe: RandM, 1 M links, [2 M rechts, 2 M links] 2x, 2 M rechts, 4er-Zopf (2 M vorne-2li-2re), 2 M links, 6er-Zopf (4 M hinten-2re-2li-2re), 2 M links, 4er-Zopf (2 M hinten-2re-2li), [2 M rechts, 2 M links] 2x, 2 M rechts, 1 M links, RandM.
32. Reihe: RandM, 1 M rechts, [2 M links, 2 M rechts] 9x, 2 M links, 1 M rechts, RandM.
33. Reihe: RandM, 1 M links, [2 M rechts, 2 M links] 3x, 4er-Zopf (2 M vorne), 2 M rechts, 2 M links, 2 M rechts, 4er-Zopf (2 M hinten), [2 M links, 2 M rechts] 3x, 1 M links, RandM.
34. Reihe: RandM, 1 M rechts, [2 M links, 2 M rechts] 3x, 6 M links, 2 M rechts, 6 M links, [2 M rechts, 2 M links] 3x, 1 M rechts, RandM.
35. Reihe: RandM, 1 M links, [2 M rechts, 2 M links] 3x, 2 M rechts, 4er-Zopf (2 M vorne-2li-2re), 2 M links, 4er-Zopf (2 M hinten-2re-2li), [2 M rechts, 2 M links] 3x, 2 M rechts, 1 M links, RandM.
36. Reihe: RandM, 1 M rechts, [2 M links, 2 M rechts] 9x, 2 M links, 1 M rechts, RandM.
37. Reihe: RandM, 1 M links, [2 M rechts, 2 M links] 9x, 2 M rechts, 1 M links, RandM.
38. Reihe: Wie die 36. Reihe arbeiten.
39. Reihe: RandM, 1 M links, 2 M rechts, 2 M links, 6er-Zopf (2 M vorne-2re-2li-2re), 2 M links, 4er-Zopf (2 M vorne), 2 M rechts, 2 M links, 2 M rechts, 4er-Zopf (2 M hinten), 2 M links, 6er-Zopf (4 M hinten-2re-2li-2re), 2 M links, 2 M rechts, 1 M links, RandM.
40. - 42. Reihe: Wie die 34. - 36. Reihe arbeiten.
43. Reihe: RandM, 1 M links, [2 M rechts, 2 M links] 4x, 6er-Zopf (4 M hinten), [2 M links, 2 M rechts] 4x, 1 M links, RandM.
44. Reihe: RandM, 1 M rechts, [2 M links, 2 M rechts] 4x, 6 M links, [2 M rechts, 2 M links] 4x, 1 M rechts, RandM.
45. Reihe: RandM, * 1 M rechts, 4er-Zopf (2 M vorne), [2 M rechts, 2 M links] 2x, 2 M rechts, 4er-Zopf (2 M hinten), 1 M rechts; ab * noch 1x wiederholen, RandM.
46. Reihe: RandM, * 7 M links, 2 M rechts, 2 M links, 2 M rechts, 7 M links; ab * noch 1x wiederholen, RandM.
47. Reihe: RandM, 3 M rechts, 4er-Zopf (2 M vorne), 2 M links, 2 M rechts, 2 M links, 4er-Zopf (2 M hinten), 3 M rechts; ab * noch 1x wiederholen, RandM.
48. Reihe: Wie die 46. Reihe arbeiten.
49. Reihe: RandM, * 5 M rechts, 4er-Zopf (2 M vorne), 2 M rechts, 4er-Zopf (2 M hinten), 5 M rechts; ab * noch 1x wiederholen, RandM.
50. Reihe: RandM, alle M links, RandM.
51. Reihe: RandM, 9 M rechts, 1 Herzbogen rechts, 1 Herzbogen links (Beschreibung siehe

oben), 14 M rechts, 1 Herzbogen rechts, 1 Herzbogen links, 5 M rechts, RandM.
52. Reihe: RandM, alle M links, RandM.

Die 1. - 52. Reihe stets wiederholen.

STRICKEN NACH STRICKSCHRIFT

Es sind die Hinreihen eines Höhenrapportes notiert. Die Maschen sind so bezeichnet, wie sie erscheinen. Die Zeichenerklärung beschreibt, wie sie in der jeweils folgenden Rückreihe gestrickt werden.

Die 1. - 52. Reihe stets wiederholen.

Hinweis: Dieser Herzenszopf eignet sich aufgrund seine Breite von 40 Maschen hervorragend als Einzel- oder Streifenmotiv. Wer ihn für ein sehr große Projekt aber als Rapport in der Breite wiederholen möchte, kann einfach die Maschen zwischen den Randmaschen wiederholen. Die Rapportpfeile haben wir eingezeichnet.

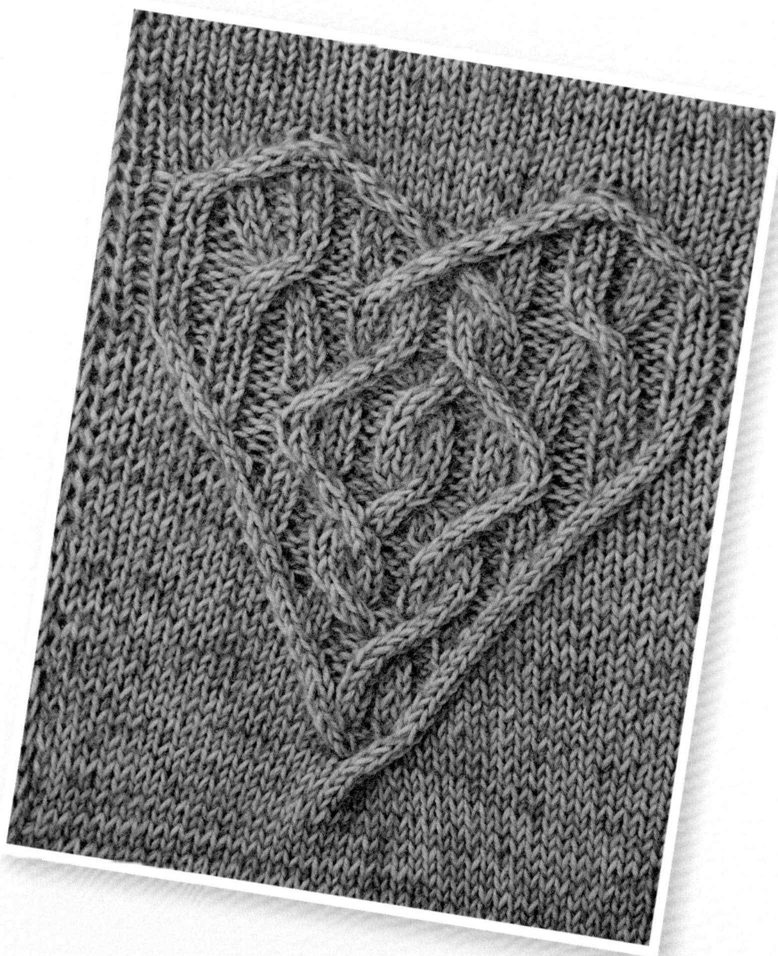

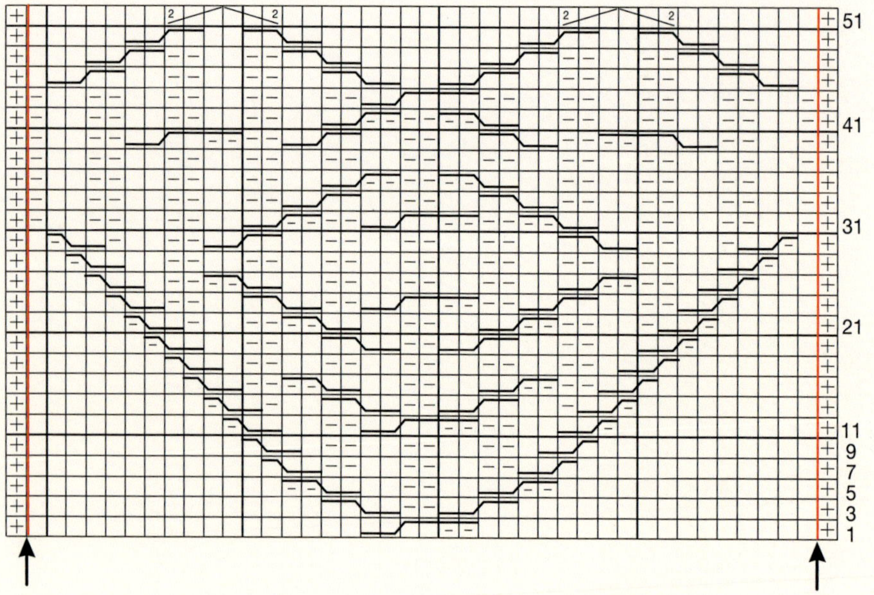

Zeichenerklärung:

= RandM
= 1 M rechts; in RückR links
= 1 M links; in RückR rechts
= Herzbogen rechts (siehe Beschreibung oben)
= Herzbogen links (siehe Beschreibung oben)
= 3er-Zopf (1 M hinten): 1 M auf einer ZN hinter die Arbeit legen, 2 M rechts, dann die M der ZN rechts; in RückR alle 3 M links
= 3er-Zopf (2 M vorne): 2 M auf einer ZN vor die Arbeit legen, 1 M rechts dann die 2 M der ZN rechts; in RückR alle 3 M links
= 4er-Zopf (2 M hinten): 2 M auf einer ZN hinter die Arbeit legen, 2 M rechts, dann die 2 M der ZN rechts; in RückR alle 4 M links
= 4er-Zopf (2 M vorne): 2 M auf einer ZN vor die Arbeit legen, 2 M rechts dann die 2 M der ZN rechts; in RückR alle 4M links
= 6er-Zopf (4 M hinten): 4 M auf einer ZN hinter die Arbeit legen, 2 M rechts, dann die 4 M der ZN rechts; in RückR alle 6 M links
= 3er-Zopf (1 M hinten-2 re-1 li): 1 M auf einer ZN hinter die Arbeit legen, 2 M rechts, dann die M der ZN links; in RückR 1 M rechts, 2 M links
= 3er-Zopf (2 M vorne-1li-2re): 2 M auf einer ZN vor die Arbeit legen, 1 M links, dann die 2 M der ZN rechts; in RückR 2 M links, 1 M rechts
= 4er-Zopf (2 M hinten-2re-2li): 2 M auf einer ZN hinter die Arbeit, 2 M rechts, dann die 2 M der ZN links; in RückR 2 M rechts, 2 M links
= 4er-Zopf (2 M vorne-2li-2re): 2 M auf einer ZN vor die Arbeit, 2 M links, dann die 2 M der ZN rechts; in RückR 2 M links, 2 M rechts
= 6er-Zopf (2 M vorne-2re-2li-2re): 2 M auf einer ZN vor die Arbeit legen, 2 M rechts und 2 M links, dann die 2 M der ZN rechts; in RückR 2 M links, 2 M rechts, 2 M links
= 6er-Zopf (4 M hinten-2re-2li-2re): 4 M auf einer ZN hinter die Arbeit legen, 2 M rechts, dann die 4 M der ZN als 2 M links, 2 M rechts; in RückR 2 M links, 2 M rechts, 2 M links

Seemannsknoten

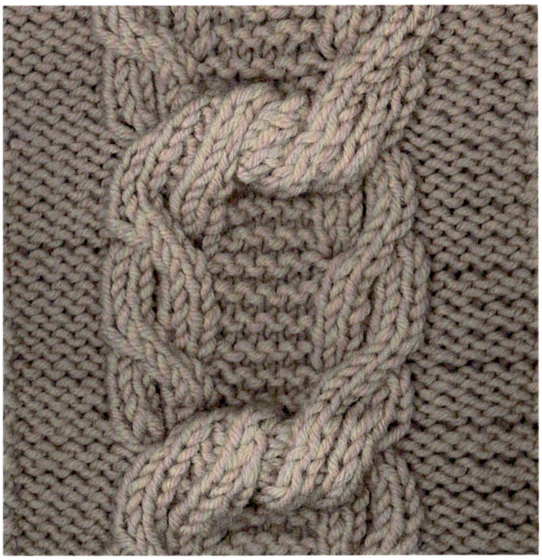

Schwierigkeitsgrad mittel
Kategorie Reversibler Zopf mit plastischer Verknotung und rechten und kraus rechten Maschen

Maschenzahl teilbar durch 22 + 5 + 2 Randmaschen.

STRICKEN NACH MUSTERBESCHREIBUNG

TIPP: Die Zeichenerklärung zur Strickschrift enthält eine Beschreibung der verwendeten Zopf-Abkürzungen!

1. Reihe (Hinreihe): RandM, * 5 M links, 2 M rechts, 2 M links, 9 M rechts, 2 M links, 2 M rechts; ab * stets wiederholen, 5 M links, RandM.
2. Reihe (Rückreihe): RandM, 5 M rechts, * 2 M links, 2 M rechts, 2 M links, 5 M rechts; ab * stets wiederholen. RandM.
3. - 4. Reihe: Die 1. - 2. Reihe noch 1x wiederholen.
5. Reihe: RandM, * 5 M links, 2 M rechts, 4er Zopf (2 M hinten), 5 M rechts, 4er Zopf (2 M vorne), 2M rechts; ab * stets wiederholen, 5 M links, RandM.
6. Reihe: RandM, 5 M rechts, * 6 M links, 5 M rechts; ab * stets wiederholen, RandM.
7. Reihe: RandM, * 5 M links, 4er Zopf (2 M hinten-2re-2li), 9 M rechts, 4er Zopf (2 M vorne-2li-2re); ab * stets wiederholen, 5 M links, RandM.
8. Reihe: Wie die 2. Reihe arbeiten.
9. - 14. Reihe: Die 1. - 2. Reihe 3x arbeiten.
15. Reihe: RandM, * 5 M links, 6 M kurzes Band, dann die 6 M auf einer Sicherheitsnadel stilllegen, den Faden abschneiden, 5 M rechts, 6 M langes Band, dann die 6 M auf einer Sicherheitsnadel stilllegen, den Faden abschneiden; * stets wiederholen, 5 M links, 1 RandM. Vor dem Wenden das lange Band von vorne nach hinten um das kurze Band schlingen und nach vorne holen, sodass ein Knoten entsteht
16. Reihe: RandM, 5 M rechts, die 6 M des kurzen Bandes: 2 M links, 2 M rechts, 2 M links, 5 M rechts, die 6 M des langen Bandes: 2 M links, 2 M rechts, 2 M links, 5 M rechts; ab * stets wiederholen, RandM.
17. - 18. Reihe: Wie die 1. - 2. Reihe arbeiten.
19. - 28. Reihe: Wie die 1. - 10. Reihe arbeiten.

1x die 1. - 28. Reihe arbeiten, dann die 11. - 28. Reihe stets wiederholen.

STRICKEN NACH STRICKSCHRIFT

Es sind die Hinreihen eines Höhenrapportes notiert. Die Maschen sind so bezeichnet, wie sie erscheinen. Die Zeichenerklärung beschreibt, wie sie in der jeweils folgenden Rückreihe gestrickt werden.

In den Hinreihen mit der RandM vor dem rechten Pfeil beginnen, den Rapport von 22 M zwischen den Pfeilen stets wiederholen und mit den 5 M und der RandM nach dem linken Pfeil enden. In den Rückreihen die M entsprechend von links nach rechts lesen.

1x die 1. - 28. Reihe arbeiten, dann die 11. - 28. Reihe stets wiederholen.

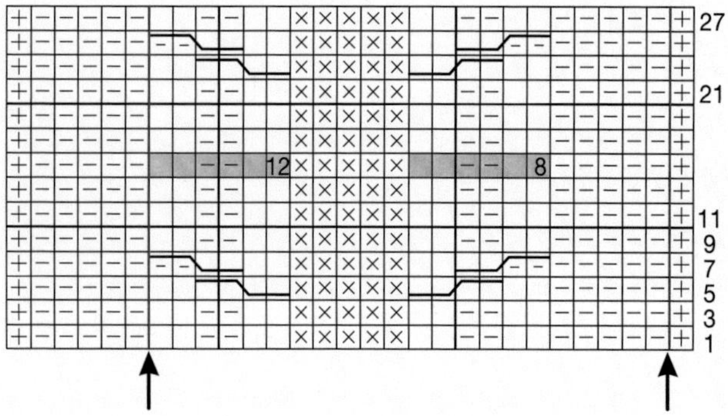

Zeichenerklärung: Seemannsknoten

= RandM
= 1 M glatt rechts; in RückR links
= 1 M kraus rechts; in RückR rechts
= 1 M links; in RückR rechts
= 4er Zopf (2 M hinten): 2 M auf einer ZN hinter die Arbeit legen, 2 M rechts, dann die 2 M der ZN rechts; in RückR 4 M links
= 4er Zopf (2 M vorne): 2 M auf einer ZN vor die Arbeit legen, 2 M rechts, dann die 2 M der ZN rechts; in RückR 4 M links
= 4er Zopf (2 M vorne-2li-2re): 2 M auf einer ZN vor die Arbeit legen, 2 M links, dann die 2 M der ZN rechts; in RückR 2 M links, 2 M rechts
= 4er Zopf (2 M hinten-2re-2li): 2 M auf einer ZN hinter die Arbeit legen, 2 M rechts, dann die 2 M der ZN links; in RückR 2 M rechts, 2 M links
8 = 6 M kurzes Band: nur über diese 6 M 8 Hin- und Rückreihen arbeiten, dabei in Hinreihen: 2 M rechts, 2 M links, 2 M rechts; in RückR: 2 M links, 2 M rechts, 2 M links; dann die 6 M auf einer Sicherheitsnadel stilllegen, den Faden abschneiden
12 = 6 M langes Band: nur über diese 6 M 12 Hin- und Rückreihen arbeiten, dabei in Hinreihen: 2 M rechts, 2 M links, 2 M rechts; in RückR: 2 M links, 2 M rechts, 2 M links; dann die 6 M auf einer Sicherheitsnadel stilllegen, den Faden abschneiden

Zeichenerklärung: Rankenzopf

= RandM
= 1 M rechts; in RückR links
= 1 M links; in RückR rechts
= 8er-Zopf (4 M vorne): 4 M auf einer ZN vor die Arbeit legen, 4 M rechts, dann die 4 M der ZN rechts; in RückR 8 M links
= 8er Zopf (4 M hinten): 4 M auf einer ZN hinter die Arbeit legen, 4 M rechts, dann die 4 M der ZN rechts; in RückR 8 M links

Rankenzopf

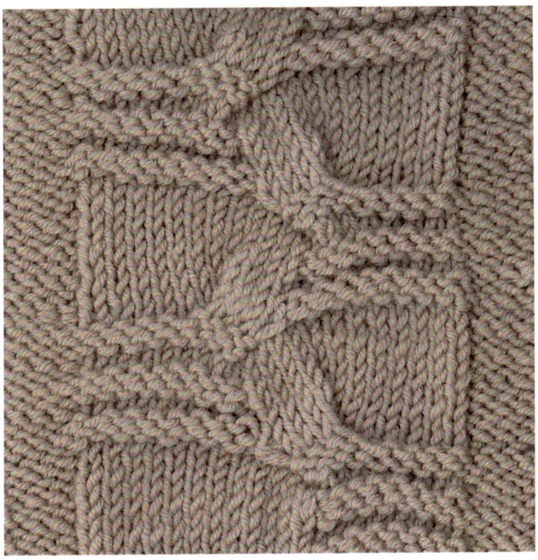

Schwierigkeitsgrad leicht
Kategorie Reversibler Zopf mit rechten und linken Maschen

Maschenzahl teilbar durch 24 + 4 + 2 Randmaschen.

STRICKEN NACH MUSTERBESCHREIBUNG

TIPP: Die Zeichenerklärung zur Strickschrift enthält eine Beschreibung der verwendeten Zopf-Abkürzungen!

1. Reihe (Hinreihe): RandM, * 12 M links, 12 M rechts; ab * stets wiederholen, 4 M links, RandM.
2. Reihe (Rückreihe): RandM, 4 M rechts, * 12 M links, 12 M rechts; ab * stets wiederholen, RandM.
3. Reihe: RandM, * 4 M links, 20 M rechts; ab * stets wiederholen, 4 M links, RandM.
4. Reihe: RandM, 4 M rechts, * 20 M links, 4 M rechts; ab * stets wiederholen, RandM.
5. - 10. Reihe: Die 1. - 4. Reihe noch 1x wiederholen, dann die 1. - 2. Reihe noch 1x arbeiten.
11. Reihe: RandM, * 4 M links, 4 M rechts, 8er-Zopf (4 M vorne), 8 M links; ab * stets wiederholen, 4 M links, RandM.
12. Reihe: RandM, 4 M rechts, * 8 M rechts, 12 M links, 4 M rechts; ab * stets wiederholen, RandM.
13. - 14. Reihe: Die 3. - 4. Reihe 1x arbeiten.
15. Reihe: 1 RandM, * 4 M links, 4 M rechts, 12 M rechts, 8 M links; ab * stets wiederholen, 4 M links, 1 RandM.
16. - 20. Reihe: Wie die 12. - 16. Reihe arbeiten.
21. Reihe: RandM, * 12 M links, 8er Zopf (4 M hinten), 4 M rechts; ab * stets wiederholen, 4 M links, RandM.
22. Reihe: RandM, 4 M rechts, * 12 M links, 12 M rechts; ab * stets wiederholen, RandM.
23. - 30. Reihe: Wie die 3. - 10. Reihe arbeiten.

Die 1. - 30. Reihe 1x arbeiten, dann die 11. - 30. Reihe stets wiederholen.

STRICKEN NACH STRICKSCHRIFT

Es sind die Hinreihen eines Höhenrapportes notiert. Die Maschen sind so bezeichnet, wie sie erscheinen. Die Zeichenerklärung beschreibt, wie sie in der jeweils folgenden Rückreihe gestrickt werden.

<u>In den Hinreihen</u> mit der RandM vor dem rechten Pfeil beginnen, den Rapport von 24 M zwischen den Pfeilen stets wiederholen und mit den 4M und der RandM nach dem linken Pfeil enden. <u>In den Rückreihen</u> die M entsprechend von links nach rechts lesen.

Die 1. - 30. Reihe 1x arbeiten, dann die 11. - 30. Reihe stets wiederholen.

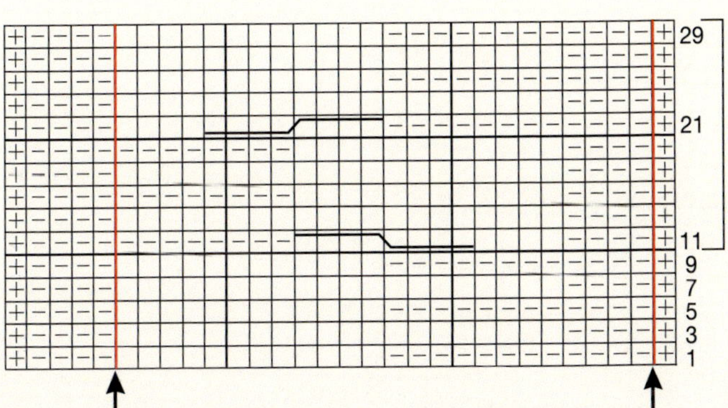

Ballerinazopf

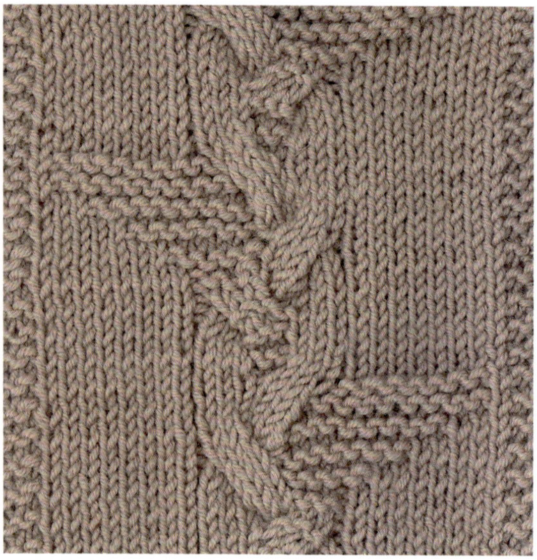

Schwierigkeitsgrad leicht
Kategorie Schön geschwungenes Zopfmuster kraus rechts und glatt rechts

Maschenzahl teilbar durch 27 + 2 Randmaschen.

STRICKEN NACH MUSTERBESCHREIBUNG

TIPP: Die Zeichenerklärung zur Strickschrift enthält eine Beschreibung der verwendeten Zopf-Abkürzungen!

1. Reihe (Hinreihe): RandM, * 8 M rechts, 1 M links, 3 M rechts, 6er-Zopf (3 M vorne-3kr-3re), 1 M links, 8 M rechts; ab * stets wiederholen, RandM.
2. Reihe (Rückreihe): RandM, * 8 M links, 1 M rechts, 3 M links, 3 M rechts, 3 M links, 1 M rechts, 8 M links; ab * stets wiederholen, RandM.
3. Reihe: RandM, 8 M rechts, 1 M links, 9 M rechts, 1 M links, 8 M rechts; ab * stets wiederholen, RandM.
4. Reihe: Wie die 2. Reihe arbeiten.
5. - 6. Reihe: Die 3. - 4. Reihe noch 1x wiederholen.
7. Reihe: RandM, 8 M rechts, 1 M links, 6er Zopf (3 M hinten-3kr-3re), 3 M rechts, 1 M links, 8 M rechts; ab * stets wiederholen, RandM.
8. Reihe: RandM, * 8 M links, 1 M rechts, 6 M links, 4 M rechts, 8 M links; ab * stets wiederholen, RandM.
9. Reihe: RandM, * 18 M rechts, 1 M links, 8 M rechts; ab * stets wiederholen, RandM.
10. Reihe: RandM, * 8 M links, 1 M rechts, 6 M links, 5 M rechts, 7 M links; ab * stets wiederholen, RandM.
11. Reihe: RandM, * 18 M rechts, 1 M links, 8 M rechts; ab * stets wiederholen, RandM.
12. Reihe: RandM, * 8 M links, 1 M rechts, 6 M links, 7 M rechts, 5 M links; ab * stets wiederholen, RandM.
13. Reihe: RandM, * 12 M rechts, 6er-Zopf (3 M vorne), 1 M links, 8 M rechts; ab * stets wiederholen, RandM.
14. Reihe: RandM, * 8 M links, 1 M rechts, 6 M links, 9 M rechts, 3 M links; ab * stets wiederholen, RandM.
15. Reihe: RandM, * 18 M rechts, 1 M links, 8 M rechts; ab * stets wiederholen, RandM.
16. Reihe: RandM, * 8 M links, 1 M rechts, 6 M links, 11 M rechts, 1 M links; ab * stets wiederholen, RandM.
17. - 18. Reihe: Die 15. - 16. Reihe noch 1x wiederholen.
19. Reihe: RandM, 8 M rechts, 1 M links, 6er-Zopf (3 M hinten-3re-3kr), 3 M rechts, 1 M links, 8 M rechts; ab * stets wiederholen, RandM.
20. Reihe: RandM, 8 M links, 1 M rechts, 3 M links, 3 M rechts, 3 M links, 1 M rechts, 8 M links; ab * stets wiederholen, RandM.
21. - 24. Reihe: Die 3. - 4. Reihe 2x arbeiten.
25. Reihe: RandM, * 8 M rechts, 1 M links, 3 M rechts, 6er-Zopf (3 M vorne-3re-3kr), 1 M links, 8 M rechts; ab * stets wiederholen, RandM.
26. Reihe: RandM, 8 M links, 4 M rechts, 6 M links, 1 M rechts, 8 M links; ab * stets wiederholen, RandM.
27. Reihe: RandM, * 8 M rechts, 1 M links, 18 M rechts; ab * stets wiederholen, RandM.
28. Reihe: RandM, * 7 M links, 5 M rechts, 6 M links, 1 M rechts, 8 M links; ab * stets wiederholen, RandM.
29. Reihe: RandM, * 8 M rechts, 1 M links, 18 M rechts; ab * stets wiederholen, RandM.
30. Reihe: RandM, * 5 M links, 7 rechts, 6 M links, 1 M rechts, 8 M links; ab * stets wiederholen, RandM.
31. Reihe: RandM, * 8 M rechte, 1 M links, 6er Zopf (3 M hinten), 12 M rechts; ab * stets wiederholen, RandM.

32. Reihe: RandM, * 3 M links, 9 M rechts, 6 M links, 1 M rechts, 8 M links; ab * stets wiederholen, RandM.
33. Reihe: RandM, * 8 M rechts, 1 M links, 18 M rechts; ab * stets wiederholen, RandM.
34. Reihe: RandM, * 1 M links, 11 M rechts, 6 M links, 1 M rechts, 8 M links; ab * stets wiederholen, RandM.
35. - 36. Reihe: Die 33. - 34. Reihe noch 1x wiederholen.

Die 1. - 36. Reihe stets wiederholen.

STRICKEN NACH STRICKSCHRIFT

Es sind die Hinreihen eines Höhenrapportes notiert. Die Maschen sind so bezeichnet, wie sie erscheinen. Die Zeichenerklärung beschreibt, wie sie in der jeweils folgenden Rückreihe gestrickt werden.

In den Hinreihen mit der RandM vor dem rechten Pfeil beginnen, den Rapport von 27 M zwischen den Pfeilen stets wiederholen und mit der RandM nach dem linken Pfeil enden. In den Rückreihen die M entsprechend von links nach rechts lesen.

Die 1. - 36. Reihe stets wiederholen.

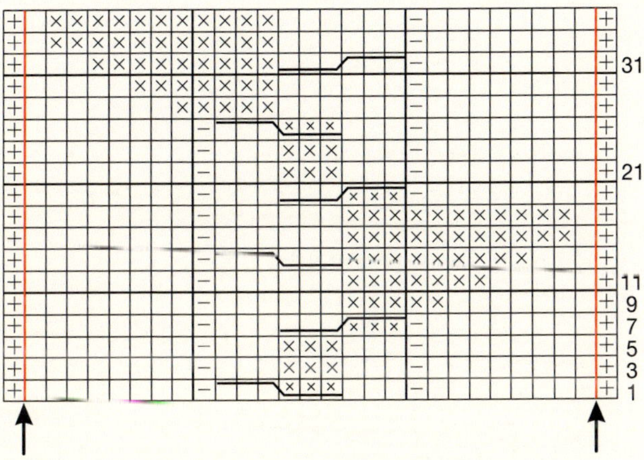

Zeichenerklärung:

+ = RandM
□ = 1 M glatt rechts; in RückR links
X = 1 M kraus rechts; in RückR rechts
– = 1 M links; in RückR rechts
= 6er Zopf (3 M vorne): 3 M auf einer ZN vor die Arbeit legen, 3 M rechts, dann die 3 M der ZN rechts; in RückR 6 M links
= 6er Zopf (3 M hinten): 3 M auf einer ZN hinter die Arbeit legen, 3 M rechts, dann die 3 M der ZN rechts; in RückR 6 M links
= 6er Zopf (3 M vorne-3kr-3re): 3 M auf einer ZN vor die Arbeit legen, 3 M rechts, dann die 3 M der ZN rechts; in RückR 3 M links, 3 M rechts
= 6er Zopf (3 M hinten-3kr-3re): 3 M auf einer ZN hinter die Arbeit legen, 3 M rechts, dann die 3 M der ZN rechts; in RückR 3 M links, 3 M rechts
= 6er Zopf (3 M hinten-3re-3kr): 3 M auf einer ZN hinter die Arbeit legen, 3 M rechts, dann die 3 M der ZN rechts; in RückR 3 M rechts, 3 M links
= 6er Zopf (3 M vorne-3re-3kr): 3 M auf einer ZN vor die Arbeit legen, 3 M rechts, dann die 3 M der ZN rechts; in RückR 3 M rechts, 3 M links

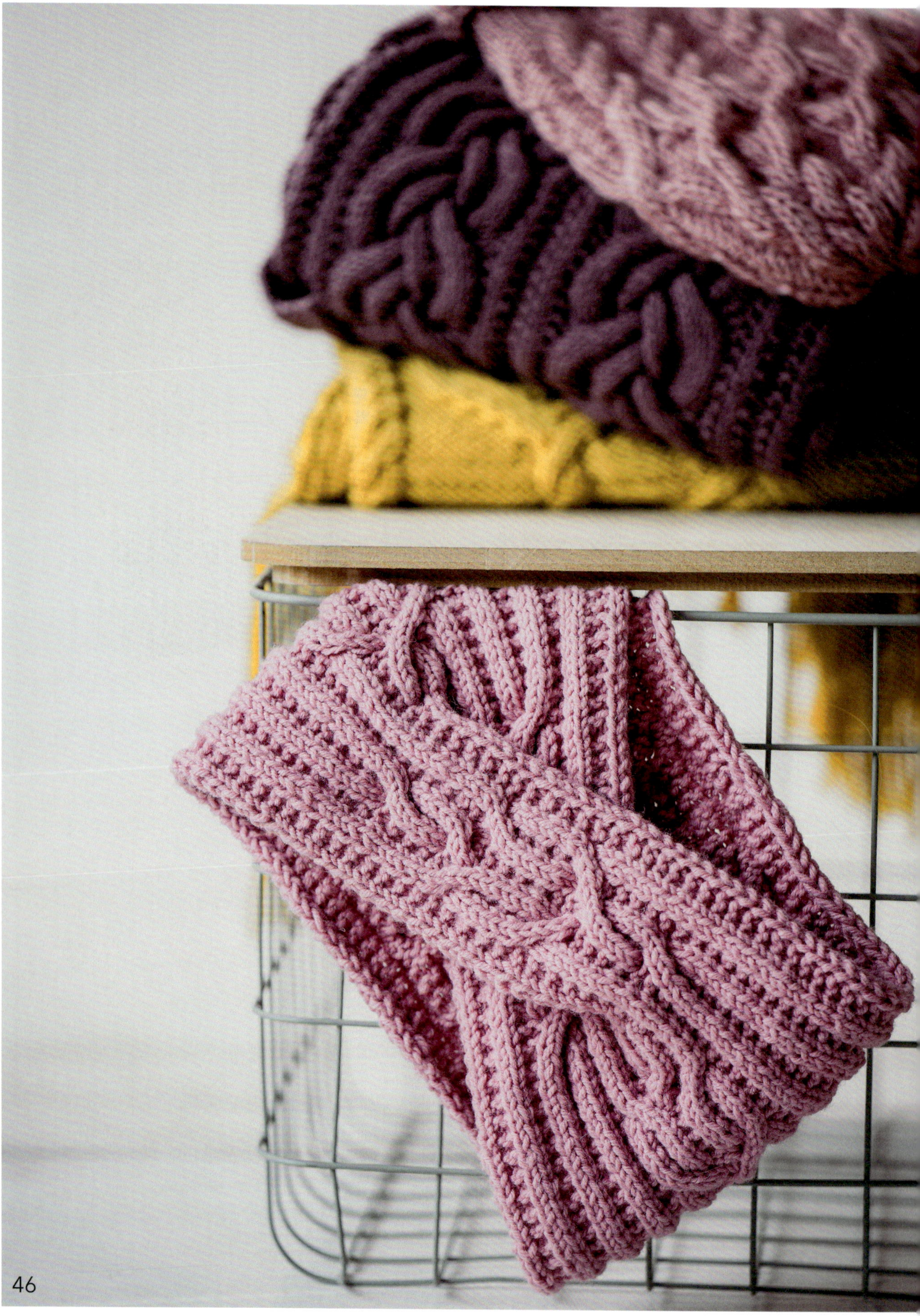

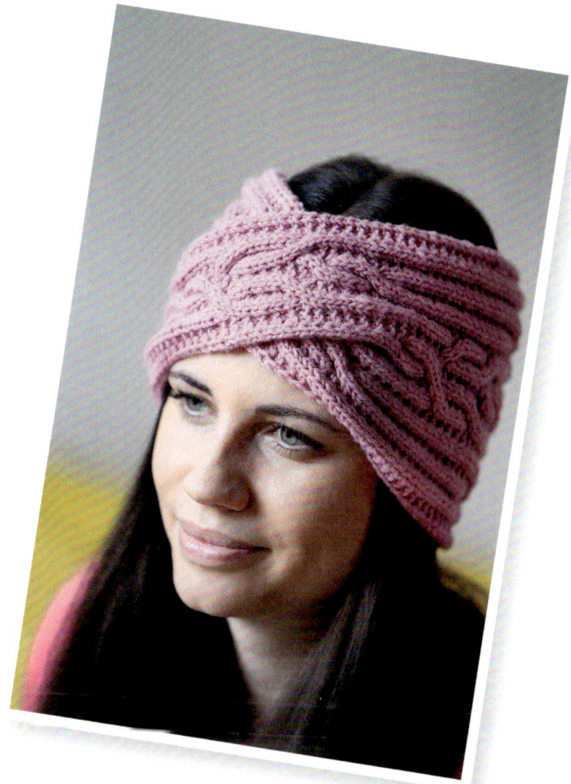

Stirnband

Schwierigkeitsgrad: mittel

Dieses geflochtene Stirnband mit dem Lilienzopf-Muster von Seite 12 ist ein wunderbar wärmender Kopfschmuck und eine schöne Alternative, um die Haare nicht ganz verdecken zu müssen oder einen Pferdeschwanz tragen zu können.

Größe:

Die Größe kann an jedes gewünschte Maß angepasst werden. Das abgebildete Stirnband hat einen Umfang von ca. 54 cm.

Material:

Buttinette WollButt Innsbruck Uni (80% Schurwolle, 20% Polyacryl, LL = 125 m/50 g): 100 g Altrosa (Fb 99.102.86); Stricknadeln in Stärke 4,5 mm, Hilfsnadel zum Stilllegen der Maschen für die große Verkreuzung, Zopfnadel.

Muster:

Lilienzopf:
Maschenzahl teilbar durch 24 + 14. Nach Strickschrift arbeiten.
Es sind die Hinreihen eines Höhenrapportes notiert. Die Maschen sind so bezeichnet, wie sie erscheinen. Die Zeichenerklärung beschreibt, wie sie in der jeweils folgenden Rückreihe gestrickt werden.

In den Hinreihen den Rapport von 24 M zwischen den Pfeilen von rechts nach links arbeiten. In den Rückreihen die M entsprechend von links nach rechts lesen.

Die 1. - 68. Reihe stets wiederholen.

Rippenmuster:
1. Reihe (Rückreihe): RandM, * 2 M links, 2 M rechts; ab * stets wiederholen, 2 M links, RandM.
2. Reihe (Hinreihe): RandM, alle M rechts stricken, RandM.
Diese 2 Reihen stets wiederholen.

Maschenprobe:

25 Maschen x 32 Reihen = 10 cm x 10 cm.

So wird's gemacht:

48 M anschlagen und 3 R im Rippenmuster stricken, dabei mit einer RückR beginnen und enden.

Dann wie folgt mittig das Lilienmuster arbeiten und an beiden Seiten das Rippenmuster fortführen: in den HinR: 1 RandM, 2 M rechts, 2 M links, 38 M Lilienzopf, 2 M links, 2 M rechts, 1 RandM; und in den RückR: 1 RandM, 2 M links, 2 M rechts, 38 M Lilienzopf, 2 M rechts, 2 M links, 1 RandM.

In dieser Einteilung insgesamt 70 Reihen (= 1x die 1. - 68. Reihe und noch 1x die 1. - 2. Reihe des Musters) arbeiten.

Dann das Band mittig teilen und nacheinander erst die 1. Hälfte der M, dann die 2. Hälfte der M arbeiten: Über die ersten 24 M das Muster über 30 Reihen weiterführen (= die 3. - 32. Reihe des Lilienzopfmusters), dabei die 1. und die letzte M als RandM arbeiten. Dann die M stilllegen und die hinteren 24 M ebenso arbeiten.

Für die große Verzopfung den Streifen der vorderen 24 M über den der hinteren 24 M nach links legen, alle M so auf eine Nadel heben und wieder über alle 48 M in der Mustereinteilung stricken.

Noch weitere 71 Reihen arbeiten (= 1x die 33. - 68. Reihe und noch 1x die 1. - 35. Reihe des Lilienzopfmusters). Noch 3 R im Rippenmuster arbeiten, dabei mit einer RückR beginnen und enden, dann alle M locker abketten.

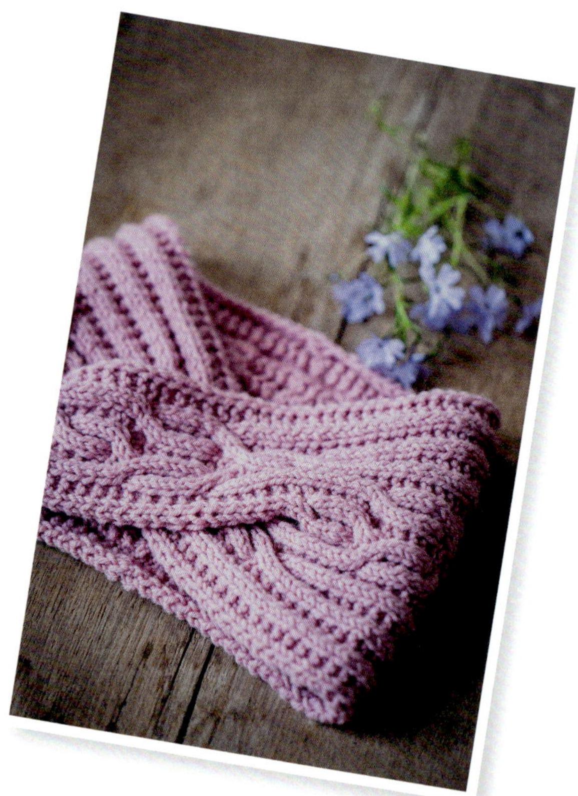

Fertigstellung:
Anschlag- und Abkettkante zusammennähen.

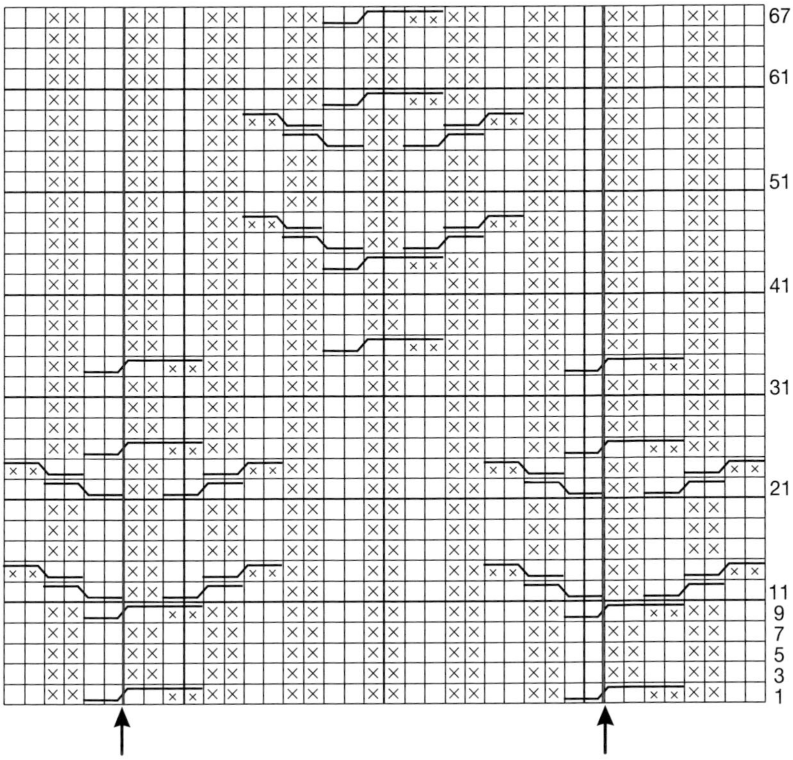

Zeichenerklärung:

[+] = Randmasche

[ ] = 1 Masche rechts; in Rückreihen links

[X] = 1 Masche kraus rechts; in Rückreihen rechts

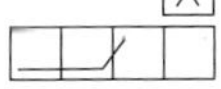 = 4er-Zopf (2 M hinten): 2 Maschen auf einer Zopfnadel hinter die Arbeit legen, 2 Maschen rechts, dann die 2 Maschen der Zopfnadel rechts; in Rückreihen 4 Maschen links

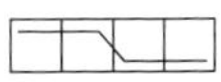 = 4er-Zopf (2 M vorne): 2 Maschen auf einer Zopfnadel vor die Arbeit legen, 2 Maschen rechts, dann die 2 Maschen der Zopfnadel rechts; in Rückreihen 4 Maschen links

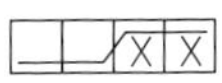 = 4er-Zopf (2 M hinten-2re-2kr): 2 Maschen auf einer Zopfnadel hinter die Arbeit legen, 2 Maschen rechts, dann die 2 Maschen der Zopfnadel rechts; in Rückreihen 2 Maschen rechts, 2 Maschen links"

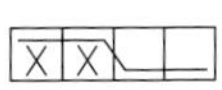 = 4er-Zopf (2 M vorne-2kr-2re): 2 Maschen auf einer Zopfnadel vor die Arbeit legen, 2 Maschen rechts, dann die 2 Maschen der Zopfnadel rechts; in Rückreihen 2 Maschen links, 2 Maschen rechts"

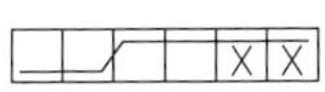 = 6er-Zopf (4 M hinten-2re-2kr-2re): 4 Maschen auf einer Zopfnadel hinter die Arbeit legen, 2 Maschen rechts, dann die 4 Maschen der Zopfnadel rechts; in Rückreihen 2 Maschen links, 2 Maschen rechts, 2 Maschen links

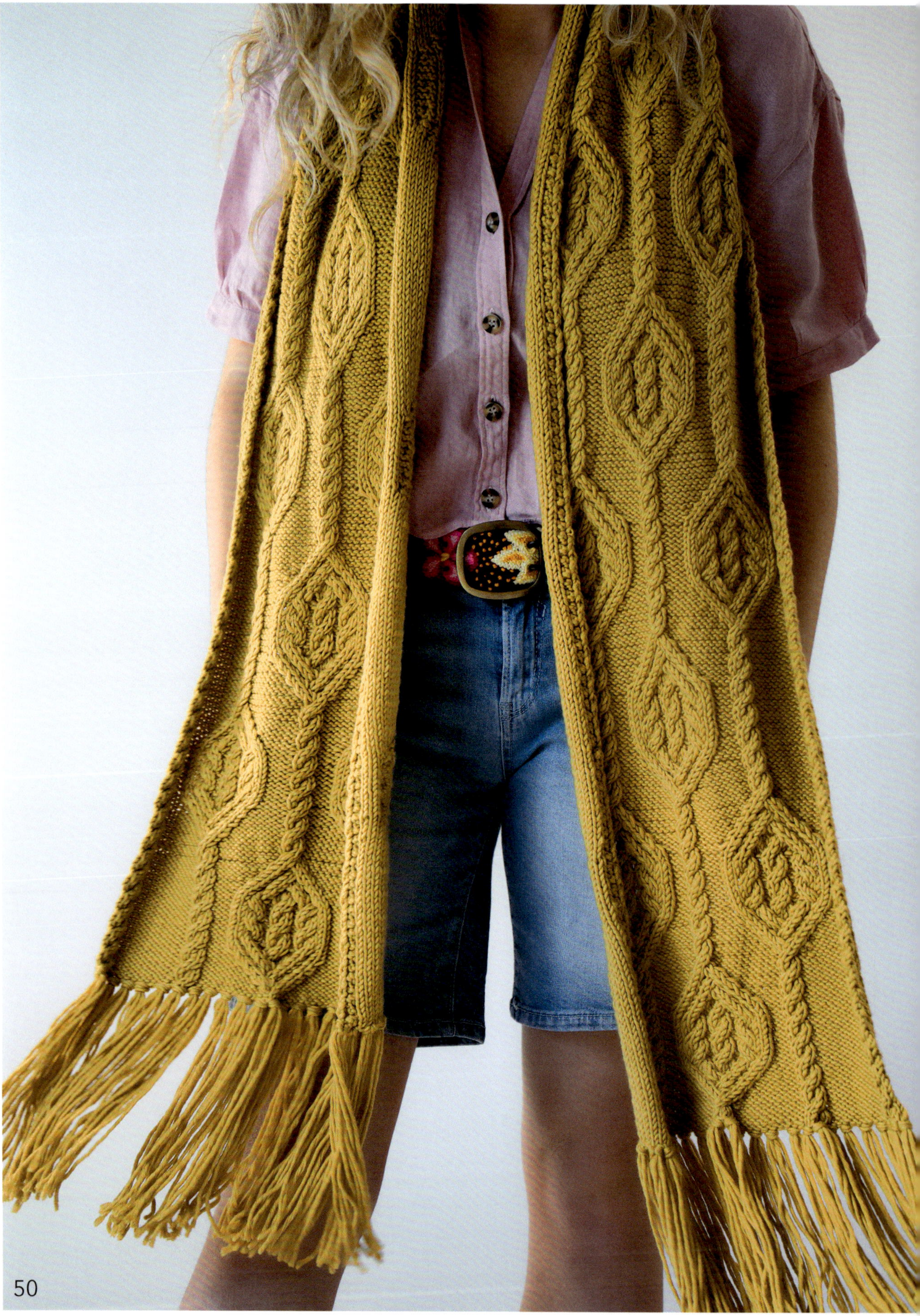

Schal

Schwierigkeitsgrad: mittel

Der dekorative und gleichzeitig urig aussehende Kugelzopf von Seite 14 als Solitärmuster ist ganz prima für diesen wunderschönen rustikalen Fransenschal geeignet. Er verleiht jedem Winter-Outfit eine besondere Note und Sie werden sicher oft darauf angesprochen.

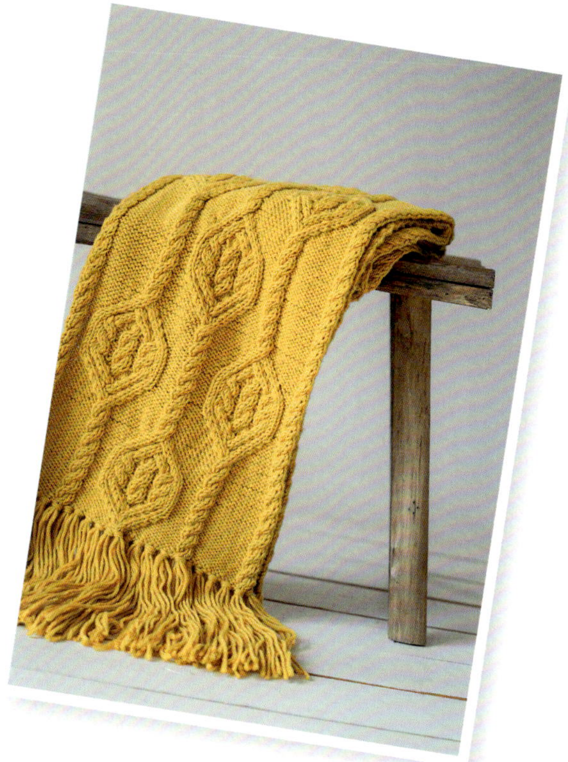

Größe:

30 cm x 169 cm (ohne Fransen)

Material:

ONline Cora Linie 20 (60% Schurwolle, 40% Polyacryl, LL = 85 m/50 g): 500 g Senfgelb (Fb 553); Stricknadel in Stärke 5 mm, Zopfnadel, Häkelnadel in beliebiger Stärke zum Einfädeln der Fransen.

Muster:

Kugelzopf:

Maschenzahl teilbar durch 32 + 34 + 2 Randmaschen. Nach Strickschrift arbeiten.
Es sind die Hinreihen eines Höhenrapportes notiert. Die Maschen sind so bezeichnet, wie sie erscheinen. Die Zeichenerklärung beschreibt, wie sie in der jeweils folgenden Rückreihe gestrickt werden.
In den Hinreihen mit der RandM und den M vor dem rechten Pfeil beginnen, den Rapport von 32 M zwischen den Pfeilen 1x arbeiten und mit den M und der RandM nach dem linken Pfeil enden. In den Rückreihen die M entsprechend von links nach rechts lesen.

Die 1. - 56. Reihe stets wiederholen.

Maschenprobe:

23 Maschen x 25 Reihen = 10 cm x 10 cm.

So wird's gemacht:

68 M anschlagen und 1 RückR linke M stricken.

Weiter im Kugelzopfmuster arbeiten. In einer Höhe von 169 cm und 422 R (= 7x die 1. - 56 Reihe und noch 1x die 1. – 30. Reihe des Musters) alle M locker abketten.

Fertigstellung:

Dann die Fransen an der An- und Abschlagskante anbringen: je Franse 3 Fäden von je 40 cm schneiden und mit der Häkelnadel durch den Rand ziehen.

Wir haben 27 Fransen je Seite, aber das kann man, wie auch die Fransenlänge, nach Geschmack variieren.

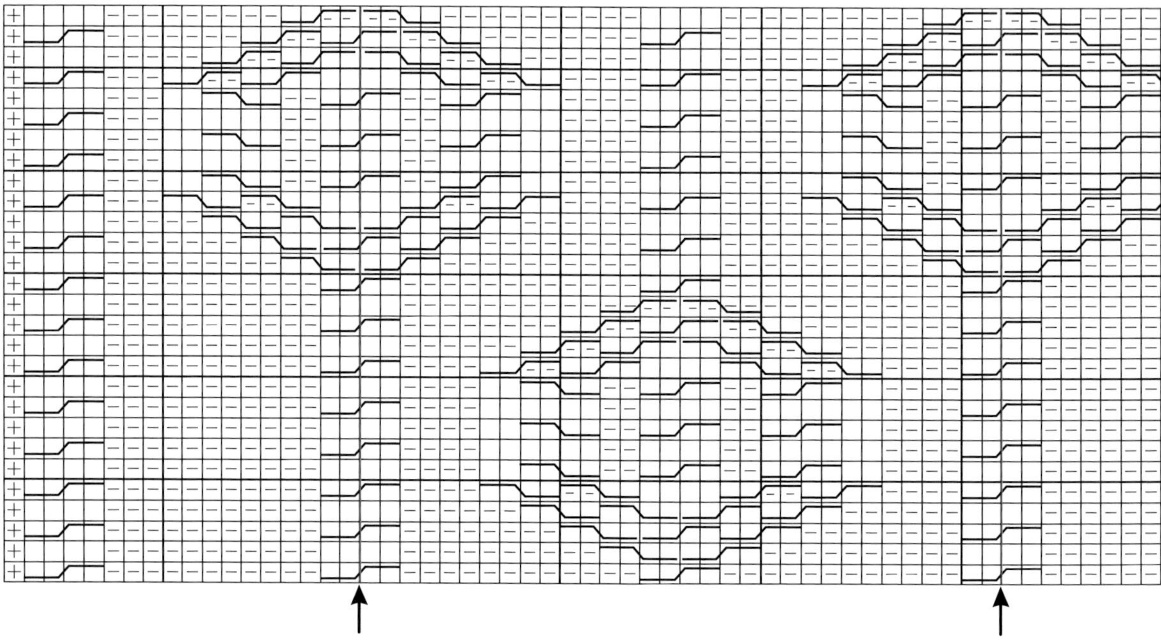

Zeichenerklärung:

= Randmasche

= 1 Masche rechts; in Rückreihen links

= 1 Masche links; in Rückreihen rechts

= 4er-Zopf (2 M hinten): 2 Maschen auf einer Zopfnadel hinter die Arbeit legen, 2 Maschen rechts, dann die 2 Maschen der Zopfnadel rechts; in Rückreihen die 4 Maschen links

= 4er-Zopf (2 M vorne): 2 Maschen auf einer Zopfnadel vor die Arbeit legen, 2 Maschen rechts dann die 2 Maschen der Zopfnadel rechts; in Rückreihen die 4 Maschen links

= 4er-Zopf (2 M vorne-2li-2re): 2 Maschen auf der Zopfnadel vor die Arbeit legen, 2 Maschen links, dann die 2 Maschen der Zopfnadel rechts; in Rückreihen 2 Maschen links, 2 Maschen rechts

= 4er-Zopf (2 M hinten-2re-2li): 2 Maschen auf der Zopfnadel hinter die Arbeit, 2 Maschen rechts, dann die 2 Maschen der Zopfnadel links; in Rückreihen 2 Maschen rechts, 2 Maschen links

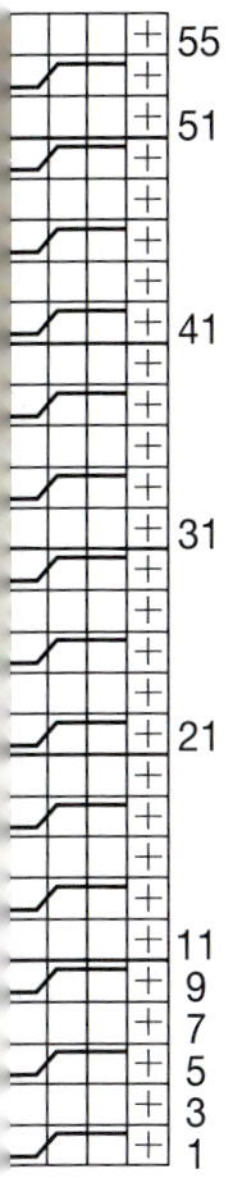
55
51
41
31
21
11
9
7
5
3
1

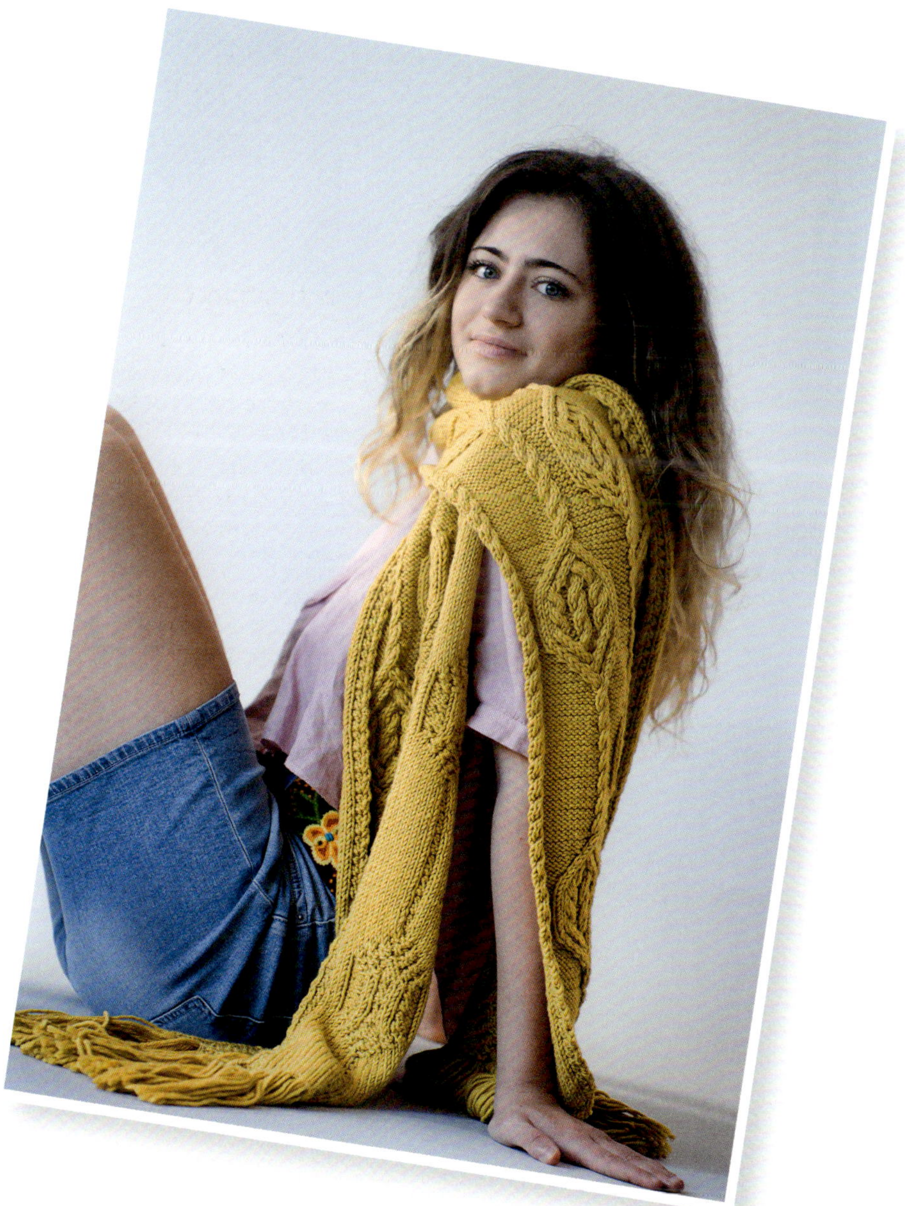

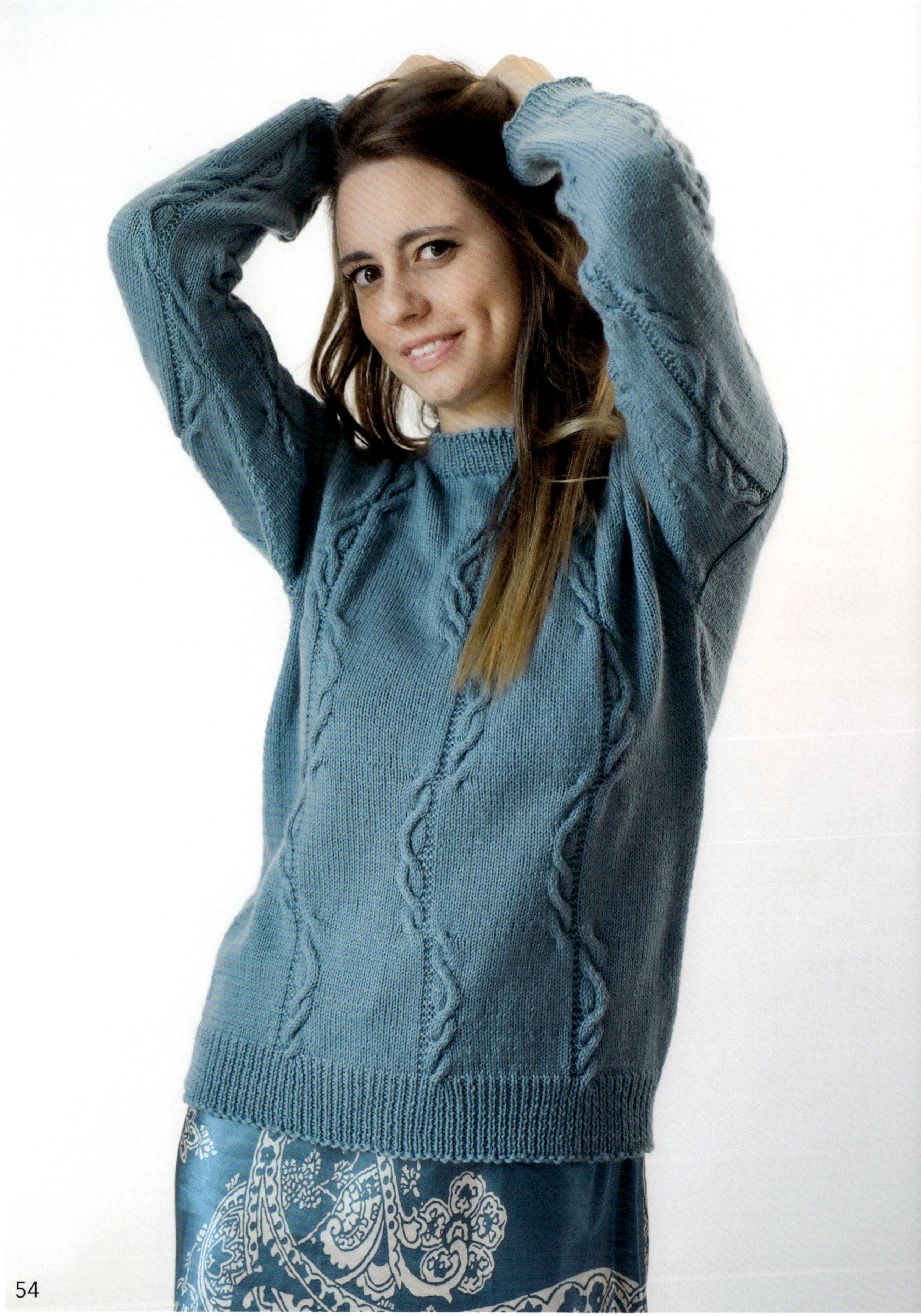

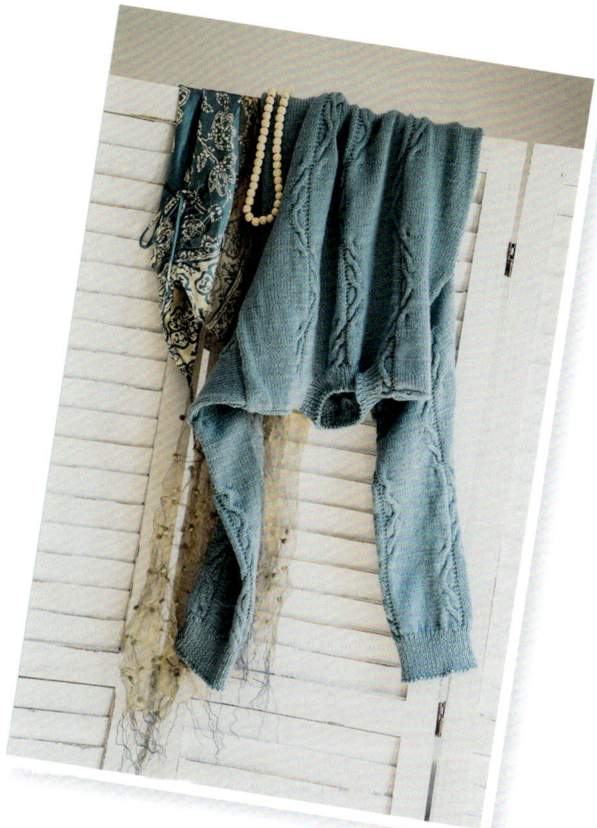

Pullover

Schwierigkeitsgrad: mittel

Dieses ungewöhnliche Muster von Seite 18 erinnert sehr an Rapunzels langen Zopf, den sie am Turm dem Prinzen herunterwirft. Vielleicht begleitet dieser schöne Pulli ja auch jemanden dabei, den Traumprinzen zu finden?

Größe:
36/38, 40/42 und 44/46
Die Angaben für die größeren Größen stehen hintereinander in Klammern. Steht nur eine Angabe, dann gilt diese für alle Größen.

Material:
Lana Grossa Cool Wool Cashmere (90% Schurwolle, 10% Cashmere, LL = 160 m/50 g): 400 (450/500) g Hellpetrol (Farbe 35); Rundstricknadeln in Stärke 3,5 mm (je eine 80 cm und 40 cm lang), und in Stärke 4 mm (80 cm lang), Zopfnadel.

Muster:
Rippenmuster (in Runden):
* 1 M rechts, 1 M links; ab * stets wiederholen.

Rapunzelzopf:
Maschenzahl teilbar durch 18. Nach der Strickschrift stricken.
Es sind die Hinreihen eines Höhenrapportes notiert. Die Maschen sind so bezeichnet, wie sie erscheinen. Die Zeichenerklärung beschreibt, wie sie in der jeweils folgenden Rückreihe gestrickt werden.
In den Hinreihen den Rapport von 18 M zwischen den Pfeilen von rechts nach links lesen, in den Rückreihen die M entsprechend von links nach rechts lesen.

Die 1. – 76. Reihe stets wiederholen.

Maschenprobe:
25 Maschen und 35 Reihen = 10 cm x 10 cm.

So wird's gemacht:

Rückenteil:
Mit der dünneren Nadel 120 (140/160) M anschlagen und 1 RückR links stricken. Für den Bund 6 cm = 20 Reihen im Rippenmuster stricken, dafür in der 1. HinR nach der RandM mit 1 M rechts und 1 M links beginnen und mit einer RandM enden.
Dann mit der dickeren Nadel in folgender Einteilung weiterarbeiten: RandM, 20 (15/10) M glatt rechts, * 18 M Rapunzelzopf, 12 M glatt rechts; ab * noch 1 (2/3)x wiederholen, 18 M Rapunzelzopf, 20 (15/10) M glatt rechts, RandM.
Nach 54 (56/58) cm = 190 (196/204) Reihen ab Bund alle M locker abketten.

Vorderteil:
Wie das Rückenteil arbeiten, jedoch nach 49 (51/53) cm = 172 (178/186) Reihen ab Bund für den Halsausschnitt die mittleren 34 M stilllegen und beide Seiten getrennt beenden. Für die Ausschnittrundung im inneren Rand 4x in jeder 2. R 1 M abnehmen = 39 (49/59) Schultermaschen je Seite.

Ärmel:
Mit der dünneren Nadel 80 (90/100) M anschlagen und 1 RückR li stricken. Für den Bund 6 cm = 20 Reihen im Rippenmuster stricken, dafür in der 1. HinR nach der RandM mit 1 M rechts und 1 M links beginnen und mit einer RandM enden.
Dann mit der dickeren Nadel in folgender Einteilung weiterarbeiten: RandM, 0 (5/10) M glatt rechts, * 18 M Rapunzelzopf, 12 M glatt rechts; ab * noch 1x wiederholen, dann 18 M Rapunzelzopf, 0 (5/10) M glatt rechts, RandM.
Gleichzeitig nach 28,5 cm = 100 Reihen ab Bund an beiden Seiten je 1 M rechts verschränkt zunehmen und noch 12x in jeder 4. R wiederholen = 106 (116/126) Maschen.
Nach 43,5 cm = 152 Reihen ab Bund (= 2x die 1. - 76. Reihe des Rapunzelzopfes) alle M locker abketten.
Den 2. Ärmel genauso stricken.

Fertigstellung:
Alle Teile auf Maß spannen und trocknen lassen.
Die Schulternähte schließen.
Für den Halsausschnitt mit der kurzen Rundstricknadel 106 M auffassen und im Rippenmuster 3 cm = 10 Runden stricken, dann alle M locker abketten.

Anschließen die Ärmel einsetzen und die Seiten- und Ärmelnähte schließen.

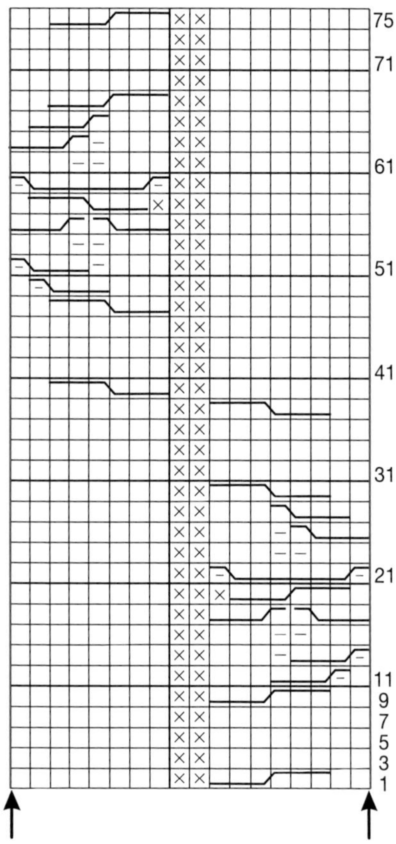

Zeichenerklärung:

= 1 Masche kraus rechts; in Rückreihen rechts

= 1 Masche links; in Rückreihen rechts

= 1 Masche rechts; in Rückreihen links

= 6er-Zopf (3 M hinten): 3 Maschen auf einer Zopfnadel hinter die Arbeit legen, 3 Maschen rechts, dann die 3 Maschen der Zopfnadel rechts; in Rückreihen 6 Maschen links

= 6er-Zopf (3 M vorne): 3 Maschen auf einer Zopfnadel vor die Arbeit legen, 3 Maschen rechts, dann die 3 Maschen der Zopfnadel rechts; in Rückreihen 6 Maschen links

= 4er-Zopf (1 M hinten): 1 Masche auf einer Zopfnadel hinter die Arbeit legen, 3 Maschen rechts, dann die Masche der Zopfnadel rechts; in Rückreihen 4 Maschen links

= 4er-Zopf (3 M vorne): 3 Maschen auf einer Zopfnadel vor die Arbeit legen, 1 Masche rechts, dann die 3 Maschen der Zopfnadel rechts; in Rückreihen 4 Maschen links

= 4er-Zopf (3 M vorne-1li-3re): 3 Maschen auf einer Zopfnadel vor die Arbeit legen, 1 Masche links, dann die 3 Maschen der Zopfnadel rechts; in Rückreihen 3 Maschen links, 1 Masche rechts

= 4er-Zopf (1 M hinten-3re-1li): 1 Masche auf der Zopfnadel hinter die Arbeit legen, 3 Maschen rechts, dann die Maschen der Zopfnadel links; in Rückreihen 1 Masche rechts, 3 Maschen links

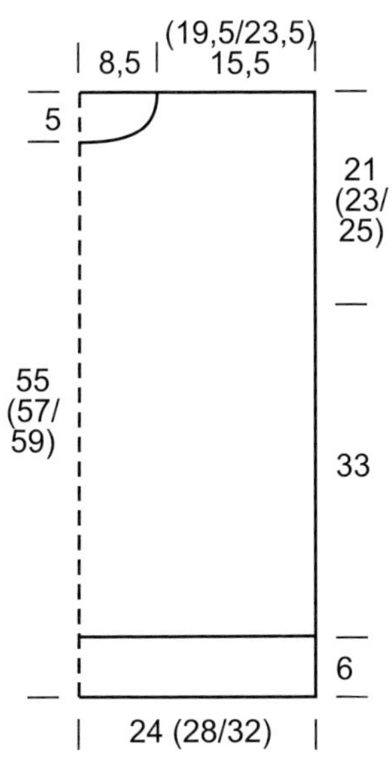

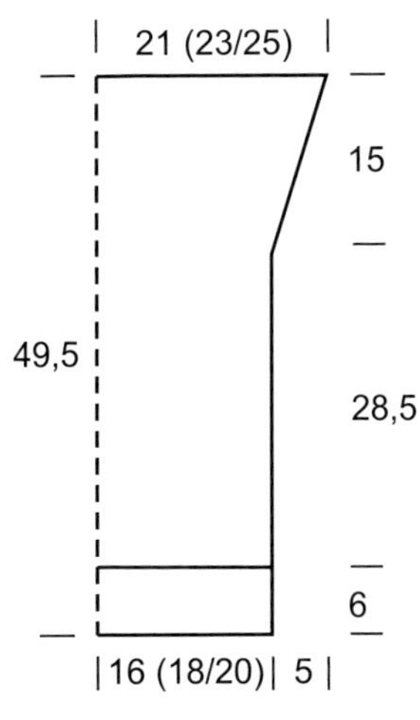

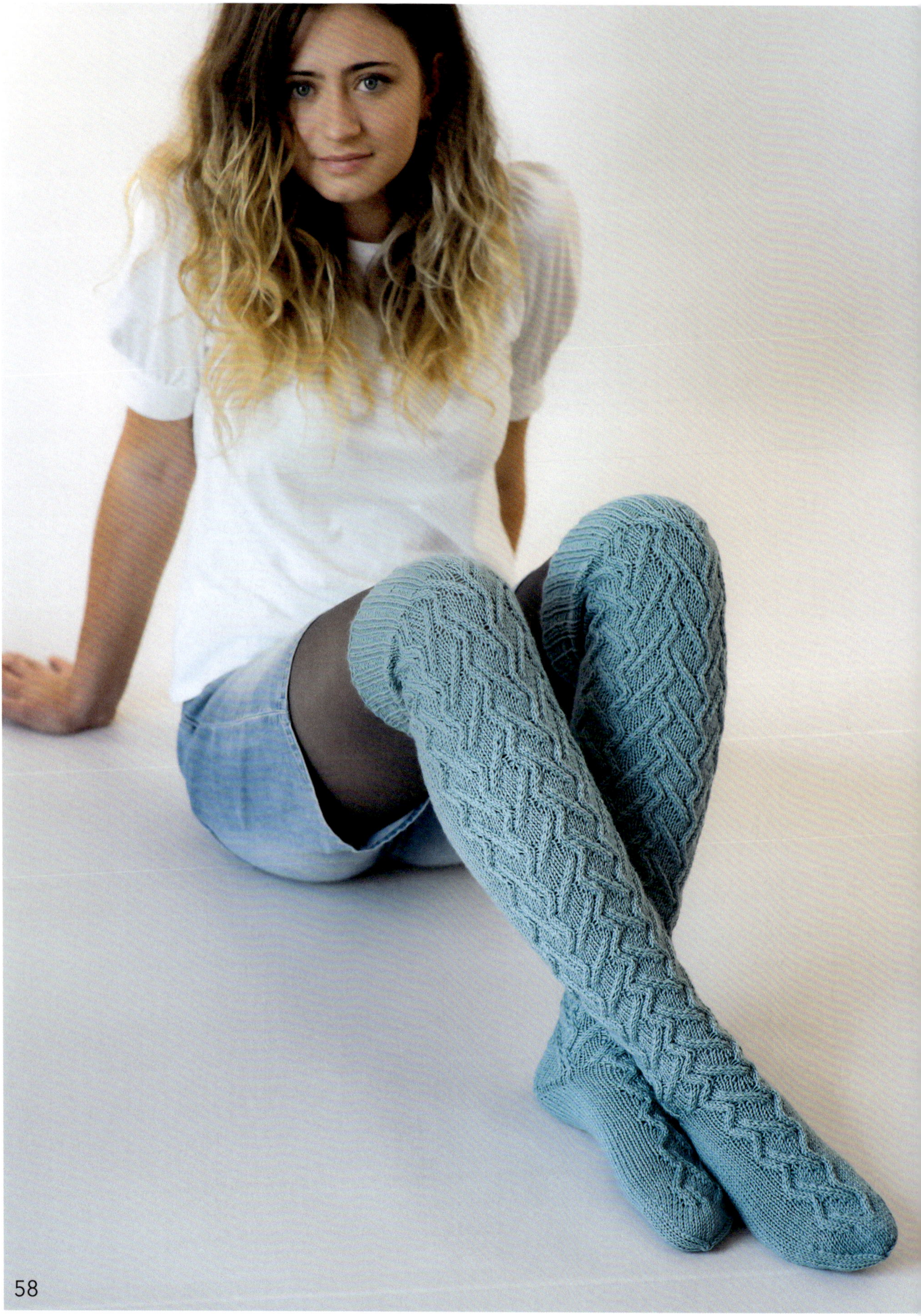

Overknees

Schwierigkeitsgrad: mittel

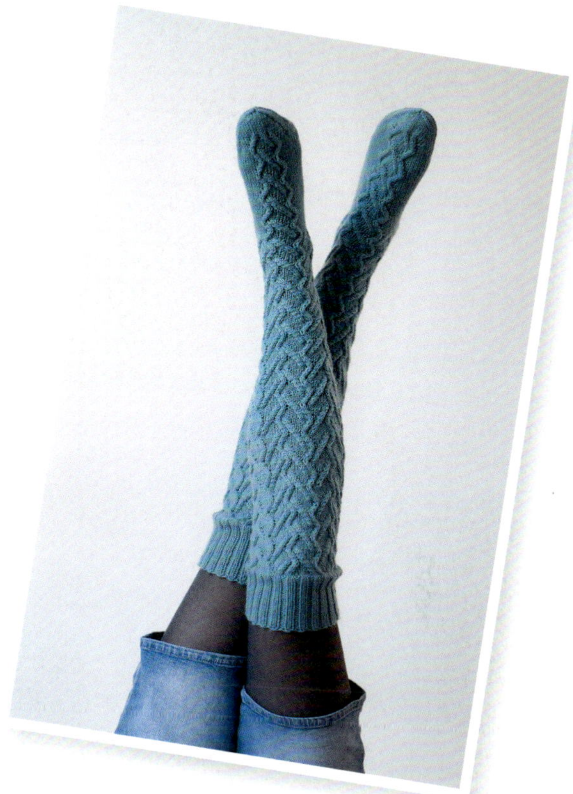

Diese schönen Overknees sind perfekt für gemütliche Kuschelabende zu Hause oder als dekoratives Element zu einem Minirock. Der Zickzackzopf von Seite 21 ist raffiniert, lässt sich einfach stricken und hebt sich vom klassischen Zopf ab.

Größe:
39/40

Material:
Lang Yarns Super Soxx 6-fach, (75% Schurwolle Superwash, 25% Polyamid, LL = 150 g/410 m): 300 g Aqua (Fb 907.0072); Nadelspiel in Stärke 3,5 mm und 4 mm, Zopfnadel.

Muster:

Rippenmuster in Runden:
2 M rechts und 2 M links im Wechsel

Zickzackzopf in Runden:
Maschenzahl teilbar durch 18 + 14. Nach Strickschrift arbeiten.
Es sind alle Runden eines Höhenrapportes gezeichnet. Mit den 7 M vor dem rechten Pfeil beginnen, 2x den Rapport von 18 M stricken und mit den 7 M nach dem linken Pfeil enden = 50 Maschen.

Die 1. - 12. Runde stets wiederholen.

Mittlere Raute in Runden:
Nach Strickschrift arbeiten.
Es sind alle Runden eines Höhenrapportes gezeichnet.
Die 1. - 12. Runde stets wiederholen.

Hinweis: Beide Zopfmuster werden nicht ringsherum gestrickt, sondern wie in der Anleitung beschrieben zwischen rechte Maschen mittig eingefügt.

Doppelmasche (Doppel-M): Den Faden vor die Arbeit nehmen, von rechts in die M einstechen und abheben, dann den Faden über die rechte Nadel fest nach hinten ziehen. So wird die M über die Nadel gezogen und liegt nun doppelt. Unbedingt darauf achten den Faden fest zu ziehen, denn sonst entstehen Löcher.

Maschenprobe:
30 Maschen x 35 Reihen = 10 cm x 10 cm.

So wird's gemacht:

80 M mit dem dünneren Nadelspiel anschlagen, gleichmäßig zu je 20 M auf 4 Nadeln verteilen, zur Runde schließen, ohne dabei die Anschlagkante zu verdrehen, und den Rundenanfang markieren.
Dann 28 Runden = 8 cm im Rippenmuster stricken.

Weiter mit dem dickeren Nadelspiel arbeiten. 2 Rd glatt rechts, dann in folgender Einteilung weiterstricken: 15 M glatt rechts, 50 M Zickzackzopf, 15 M glatt rechts.
Für die Formgebung der Wade in der 79. Rd ab Bund am Anfang der Rd 2 M überzogen zusammen und am Ende der Rd 2 M rechts zusammen. Diese Abnahme noch 13x in jeder 4. Rd wiederholen, bis noch 52 M (= 13 Maschen pro Nadel) übrig sind. Bis zu einer Höhe von 48 cm = 168 Runden (= 14x die 1. - 12. Runde des Zickzackmusters) ohne weitere Abnahmen mustergemäß weiterarbeiten.

Bumerangferse:
Die Ferse glatt rechts über die 26 M der rückwärtigen Mitte stricken. Dazu die jeweils 13 M von Nadel 1 und Nadel 4 zusammen auf eine Spielnadel nehmen, die restlichen M auf den anderen Nadeln stilllegen.
1. Reihe (Hinreihe): M glatt rechts stricken, wenden.
2. Reihe (Rückreihe): 1 Doppel-M, alle übrigen M links, wenden.
3. Reihe: 1 Doppel-M, alle M bis zur nächsten Doppel-M rechts (Doppel-M selbst nicht stricken), wenden.
4. Reihe: Doppel-M, alle M bis zur nächsten Doppel-M links (Doppel-M selbst nicht stricken), wenden.
Die 3. - 4. Reihe so oft wiederholen, bis an beiden Seiten je 8 Doppel-M gestrickt und mittig noch 10 M übrig sind.

Nun 2 Rd über alle Nadeln stricken: die Fersen-M rechts stricken (in der 1. Rd jede Doppel-M rechts zusammenstricken, so dass keine Zunahme oder Loch entsteht) und die bislang stillgelegten M in folgender Einteilung: 6 M rechts, 14 M mittlere Raute, 6 M rechts.

Dann wieder in Reihen stricken und dabei die verkürzten Reihen nach außen verlängern:
1. Reihe (Hinreihe): Die ersten 19 M der 26 Fersen-M rechts stricken und wenden.
2. Reihe (Rückreihe): 1 Doppel-M, 11 M links, wenden.
3. Reihe: 1 Doppel-M, alle M bis zur Doppel-M rechts, die Doppel-M selbst rechts zusammen und noch 1 weitere M rechts stricken, dann wenden.
4. Reihe: 1 Doppel-M, alle M bis zur Doppel-M links, die Doppel-M selbst links zusammen, und noch 1 weitere M links stricken, dann wenden.
Die 3. - 4. Reihe so oft wiederholen, bis alle 26 M gestrickt wieder gestrickt wurden.

Für die Doppel-M auf der letzten M nach der letzten RückR wenden, 1 Doppel-M, bis zur nächsten Doppel-M rechts stricken, die Doppel-M selbst rechts zusammen und ohne zu wenden weiter in Rd stricken bis zur nächsten Doppel-M, diese rechts zusammen, weiter rechts stricken und die Fersen-M wieder zu je 13 M auf 2 Nadeln verteilen.

Weiter in Rd arbeiten: die 26 M der Sohle glatt rechts, die oberen 26 M weiter in der Mustereinteilung für die mittlere Raute stricken. Bis zu einer Länge von 14 cm (= 48 Runden) inklusive der 3 Rd der Ferse arbeiten.

Bandspitze
Abnahme-Runde: Mit Nadel 1 und 3 die 2.- und 3.-letzte M rechts zusammen, mit Nadel 2 und 4 die 2. und 3. M rechts überzogen zusammen, dabei die übrigen Sohlen-M weiter glatt rechts, die Oberfuß-M noch 6 weitere Rd in der Mustereinteilung für die mittlere Raute, danach auch die Oberfuß-M glatt rechts stricken. Die Abnahme-Rd noch 1x in jeder 3. Rd, 4x in jeder 2. Rd und 5x in jeder Rd wiederholen.

Den Faden abschneide, die restlichen M damit auffassen, fest zusammenziehen und innen vernähen.

2. Overknee ebenso stricken.

Zickzackzopf

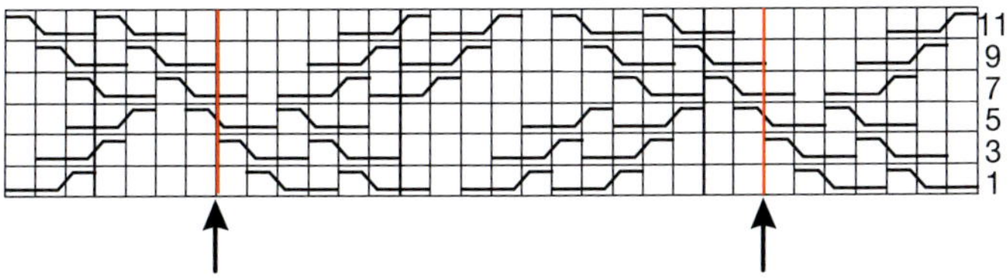

Mitte

Mittlere Raute

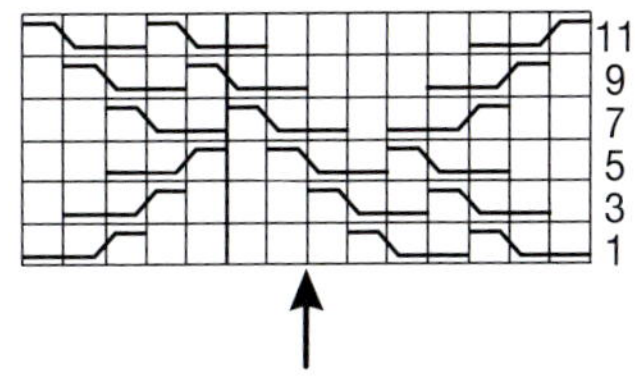

Mitte

Zeichenerklärung:

= 1 Masche rechts; in Zwischenrunden rechts

= 3er-Zopf (1 M hinten): 1 Masche auf einer Zopfnadel hinter die Arbeit legen, 2 Maschen rechts, dann die Masche der Zopfnadel rechts; in Zwischenrunden 3 Maschen rechts

= 3er-Zopf (2 M vorne): 2 Maschen auf einer Zopfnadel vor die Arbeit legen, 1 Masche rechts dann die 2 Maschen der Zopfnadel rechts stricken; in Zwischenrunden 3 Maschen rechts

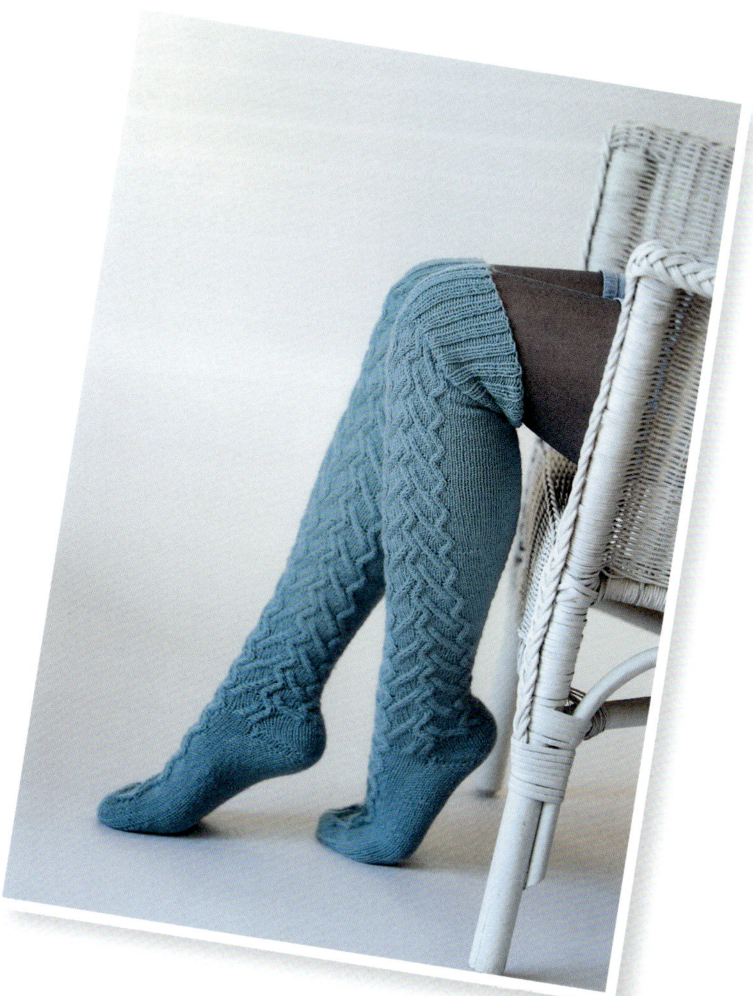

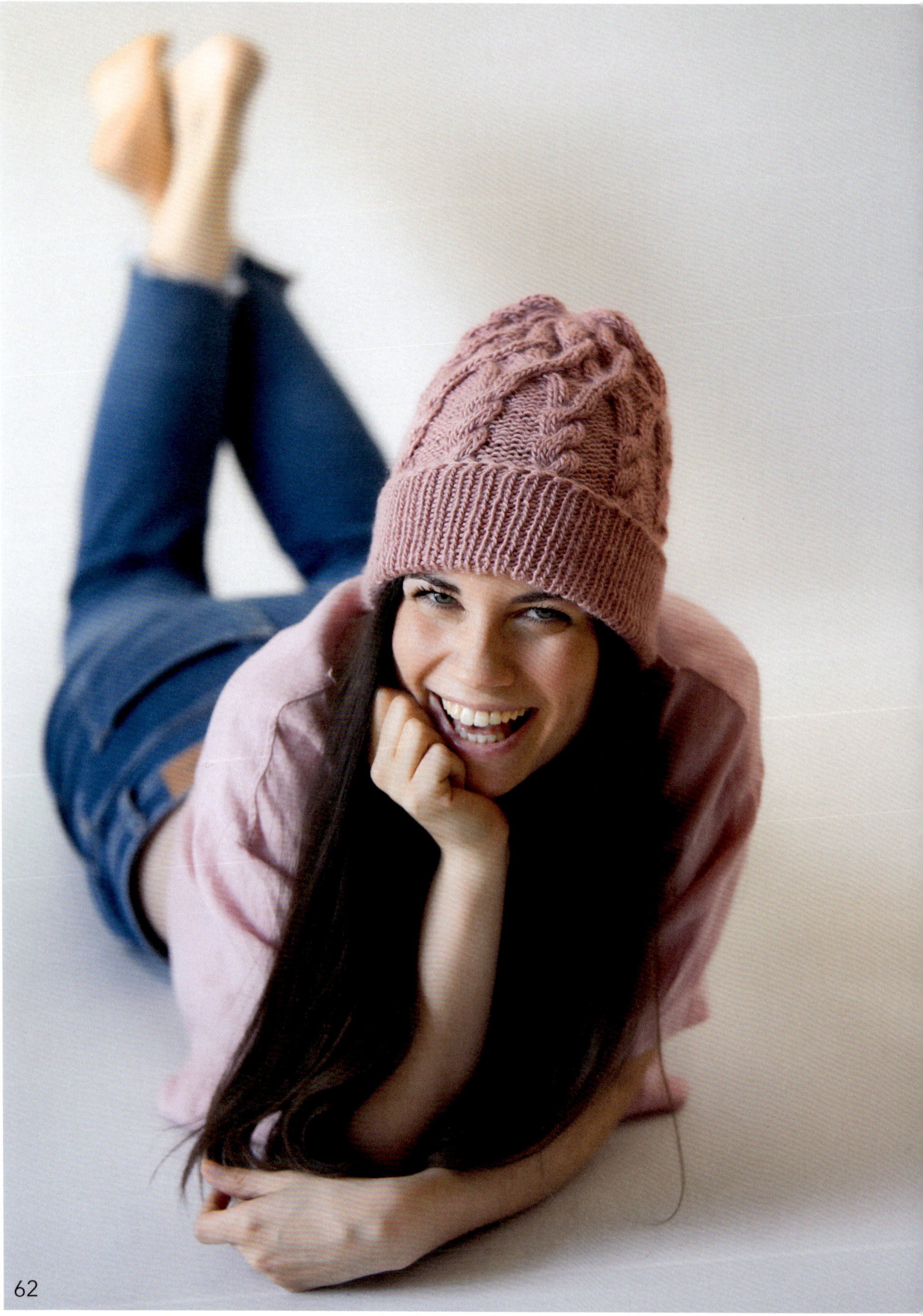

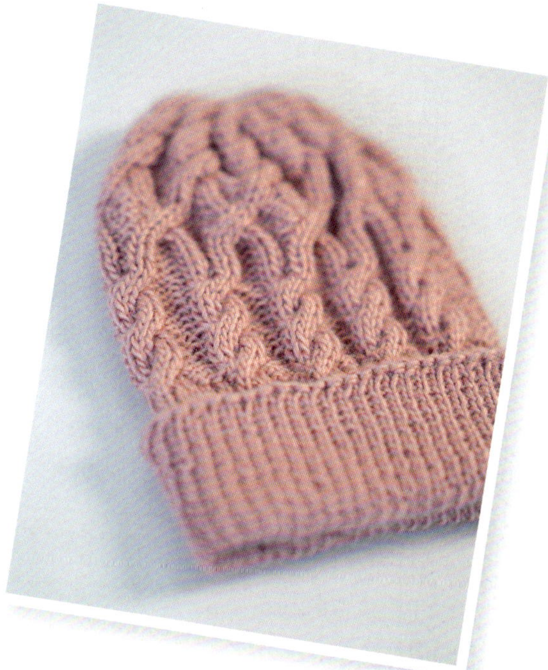

Mütze

Schwierigkeitsgrad: mittel

Dieser schöne Zopf von Seite 22 erinnert an eine Krone, die sich um den Kopf schmiegt. Das Muster läuft hier schön mit Abnahmen aus und eignet sich ganz prima für dieses wärmende Schmuckstück.

Größe:
52-56 (57-60) cm Kopfumfang
Die Angaben für die größere Größe steht in Klammern. Steht nur eine Angabe, dann gilt diese für alle Größen.

Material:
Lang Yarns Stockholm (60% Schurwolle, 40% Polyacryl, LL = 90 g/50 m), 150 g Rosa (Fb 36); Nadelspiel in Stärke 4,5 mm und 5 mm, Zopfnadel, Woll- oder dicke Stopfnadel; Maschenmarkierer.

Muster:
Rippenmuster in Runden:
1 M rechts und 1 M links im Wechsel

Kronenzopfmuster in Runden:
Maschenzahl teilbar durch 10.
Es sind nur ungerade Runden gezeichnet, die Zeichenerklärung beschreibt, wie die Maschen in der jeweils folgenden geraden Runde gearbeitet werden.
Die 10 M zwischen den Pfeilen und die 1. - 36. Rd stets wiederholen.

Maschenprobe:
20 Maschen und 29 Reihen = 10 cm x 10 cm.

So wird's gemacht:

100 (110) M mit dem dünneren Nadelspiel im doppelten Kreuzanschlag anschlagen, zu je 25 (27+28+27+28) M auf 4 Nadeln verteilen, zur Runde schließen, ohne dabei die Anschlagkante zu verdrehen, und den Rundenanfang markieren. Dann 43 Runden = 14 cm im Rippenmuster stricken.

Weiter mit dem dickeren Nadelspiel im Kronenzopfmuster über 56 Rd = 19 cm stricken. Dabei in der 55. Rd für die Abnahme in jedem Rapport die 2. + 3. M rechts zusammen (linke M + folgende erste rechte M) sowie die 8. + 9. M rechts überzogen zusammen (letzte rechte M und folgende linke M) = 80 (88) Maschen.

In der 56. Rd auf die gleichen Weise abnehmen, dafür in jedem Rapport die 1. + 2. M rechts zusammen (linke M + folgende erste rechte M) sowie die 7. + 8. M rechts überzogen zusammen (letzte rechte M und folgende linke M) = 60 (66) Maschen.
Nach 56 Rd ab Bund (= 1x die 1. - 36. Rd und noch 1x die 1. - 20 Rd des Musters) den Faden abschneiden, mit der Stopfnadel durch die restlichen 60 (66) M ziehen, zusammenziehen und gut nach innen vernähen.

Dann den Bund nach außen umschlagen.

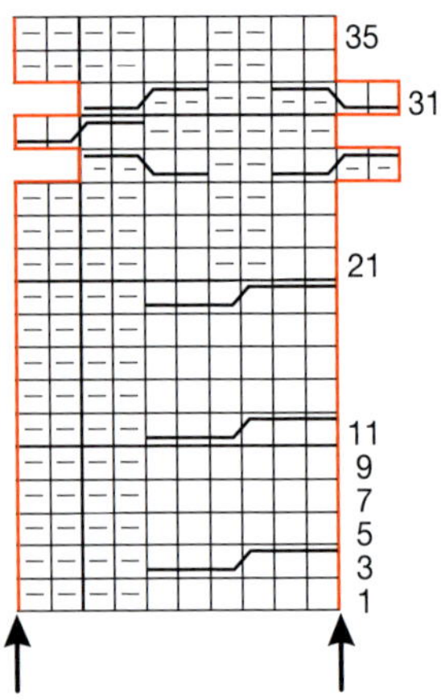

Zeichenerklärung:

 = 1 Masche rechts; in Zwischenrunden rechts

 = 1 Masche links; in Zwischenrunden links

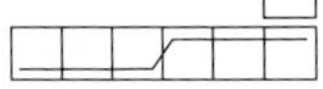 = 6er-Zopf (3 M hinten): 3 Maschen auf einer Zopfnadel hinter die Arbeit legen, 3 Maschen rechts, dann die 3 Maschen der Zopfnadel rechts; in Zwischenrunden 6 Maschen links

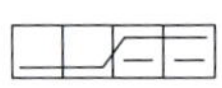 = 4er Zopf (2M hinten-2re-2li): 2 Maschen auf einer Zopfnadel hinter die Arbeit legen, 2 Maschen rechts, dann die 2 Maschen der Zopfnadel links; in Zwischenrunden 2 Maschen rechts, 2 Maschen links

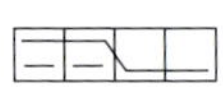 = 4er Zopf (2M vorne-2li-2re): 2 Maschen auf einer Zopfnadel vor die Arbeit legen, 2 Maschen links, dann die 2 Maschen der Zopfnadel rechts; in Zwischenrunden 2 Maschen links, 2 Maschen rechts

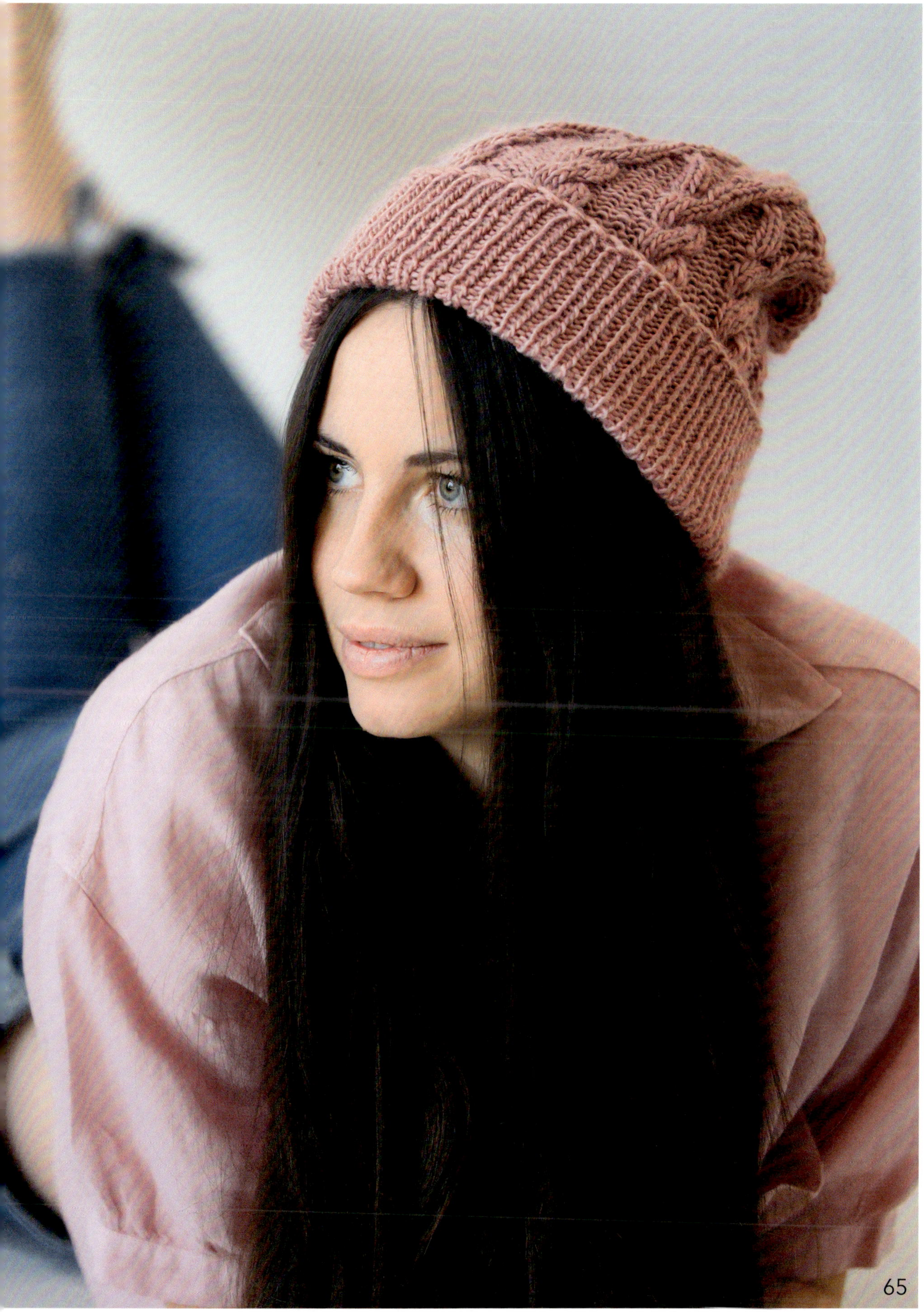

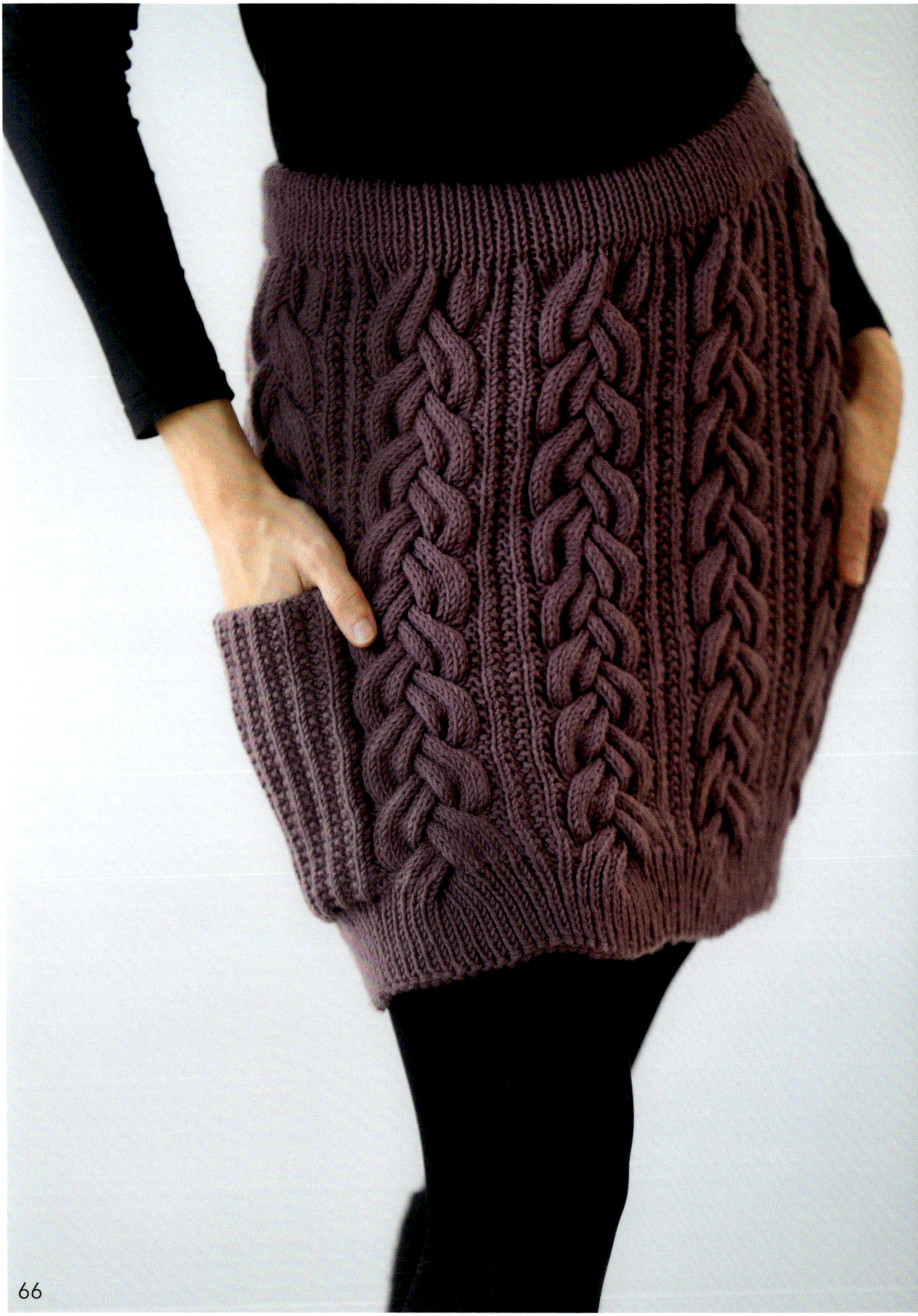

Minirock

Schwierigkeitsgrad: mittel

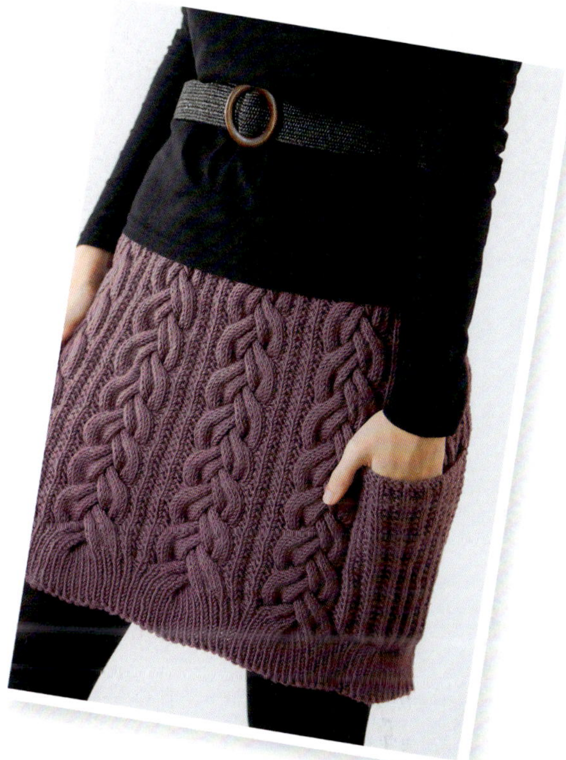

Dieser freche Minirock mit seinem herrlich rustikalen Zopf von Seite 24 und den lässigen Taschen ist der perfekte Alltagsbegleiter zum Wohlfühlen. Lieblingsstück-Potenzial!

Größe:

36/38 und 40/42

Die Angaben für die größeren Größen stehen hintereinander in Klammern. Steht nur eine Angabe, dann gilt diese für alle Größen.

Material:

ONline Starwool Linie 4 (100% Schurwolle, LL = 125 m/50 g), 500 g Beere (Fb 58); Rundstricknadel in Stärke 4 mm und 5 mm, Zopfnadel; Gummiband von Prym, 30 mm breit und ca. 100 cm lang.

Muster:

Flechtzopf in Runden:

Maschenzahl teilbar durch 33. Nach Strickschrift arbeiten.

Es sind nur die ungeraden Runden notiert, die Zeichenerklärung beschreibt, wie die Maschen in der jeweils folgenden geraden Runde gearbeitet werden. Den Rapport von 33 M zwischen den Pfeilen stets wiederholen.

Die 1. - 12. Runde stets wiederholen.

Falsches Patentmuster in Reihen:

Maschenzahl teilbar durch 4 + 1. Keine zusätzlichen RandM. Die erste und letzte Masche des Musters dient als RandM.

1. Reihe (Hinreihe): * 1 M links, 3 M rechts; ab * stets wiederholen, 1 M links.

2. Reihe (Rückreihe): * 2 M rechts, 1 M links, 1 M rechts; ab * stets wiederholen, 1 M rechts.

Maschenprobe:

31 Maschen und 32 Reihen = 10 cm x 10 cm.

So wird's gemacht:

280 (308) M mit der dickeren Rundstricknadel anschlagen, zur Runde schließen und den Rundenanfang markieren.
5 cm = 14 Runden im Rippenmuster stricken, dabei mit 1 M links, 1 M rechts beginnen.

Weiter im Flechtzopfmuster arbeiten, dabei in der 1. Rd wie folgt 50 (55) M zunehmen, sodass der Musterrapport 10 (11)x in der Runde gearbeitet werden kann:
Im Bereich des falschen Patents 4 M zunehmen, dabei darauf achten, dass die linken M aus einer linken M des Bundes weitergeführt werden, im Bereich des Zopfes 1 M zunehmen (= 5 Zunahmen pro Rapport) = 330 (363) Maschen.

Nach 31 (35) cm = 100 (112) Runden ab Bund weiter mit der dünneren Rundstricknadel im Rippenmuster stricken, dafür mit 1 M links, 1 M rechts beginnen.
Gleichzeitig in der 1. Rd des Rippenmusters 130 (143) M abnehmen, dafür im falschen Patent jeweils 4 M abnehmen und im Zopfmuster 9 M abnehmen (= 200 (220) M). Nach 8,5 cm = 24 Runden im Rippenmuster alle M abketten.

Für die Taschen 33 M seitlich aus der letzten R des Bundes auffassen, sodass die Tasche einen Zopf und an beiden Seiten einen Streifen im falschen Patent bedeckt, und in Hin- und Rückreihen im falschen Patentmuster stricken. Nach 17 (19) cm = 53 (59) Reihen abketten und die andere Tasche genauso an der gegenüberliegenden Seite arbeiten.

Fertigstellung:

Die Taschenseiten annähen.
Den oberen Bund nach innen einschlagen und festnähen, sodass ein doppelter Bund entsteht. Bevor der doppelte Bund komplett angenäht ist, ein Gummiband einziehen, die Größe anpassen und verknoten oder zusammennähen. Dann auch die Öffnung noch schließen.

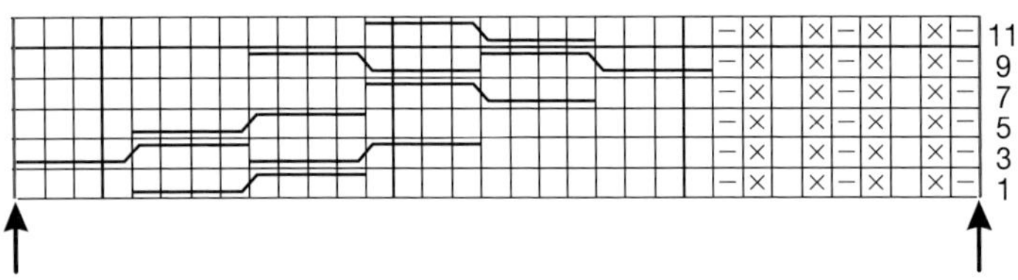

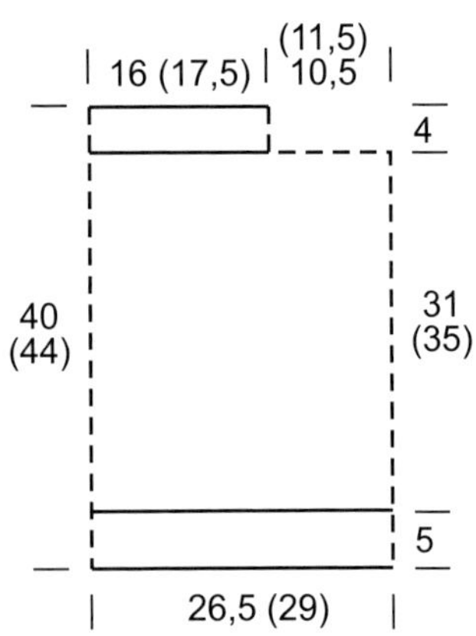

Zeichenerklärung:

☐ = 1 Masche glatt rechts; in Zwischenrunden rechts
☒ = 1 Masche kraus rechts; in Zwischenrunden links
⊟ = 1 Masche links; in Zwischenrunden links

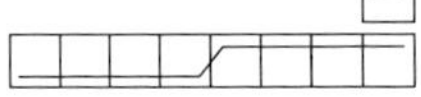 = 8er-Zopf (4 M hinten): 4 M auf einer Zopfnadel hinter die Arbeit legen, 4 Maschen rechts, dann die 4 Maschen der Zopfnadel rechts; in Zwischenrunden 8 Maschen rechts

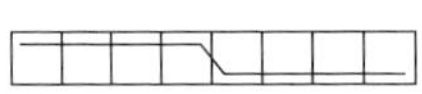 = 8er-Zopf (4 M vorne): 4 M auf einer Zopfnadel vor die Arbeit legen, 4 M rechts, dann die 4 Maschen der Zopfnadel rechts; in Zwischenrunden 8 Maschen rechts

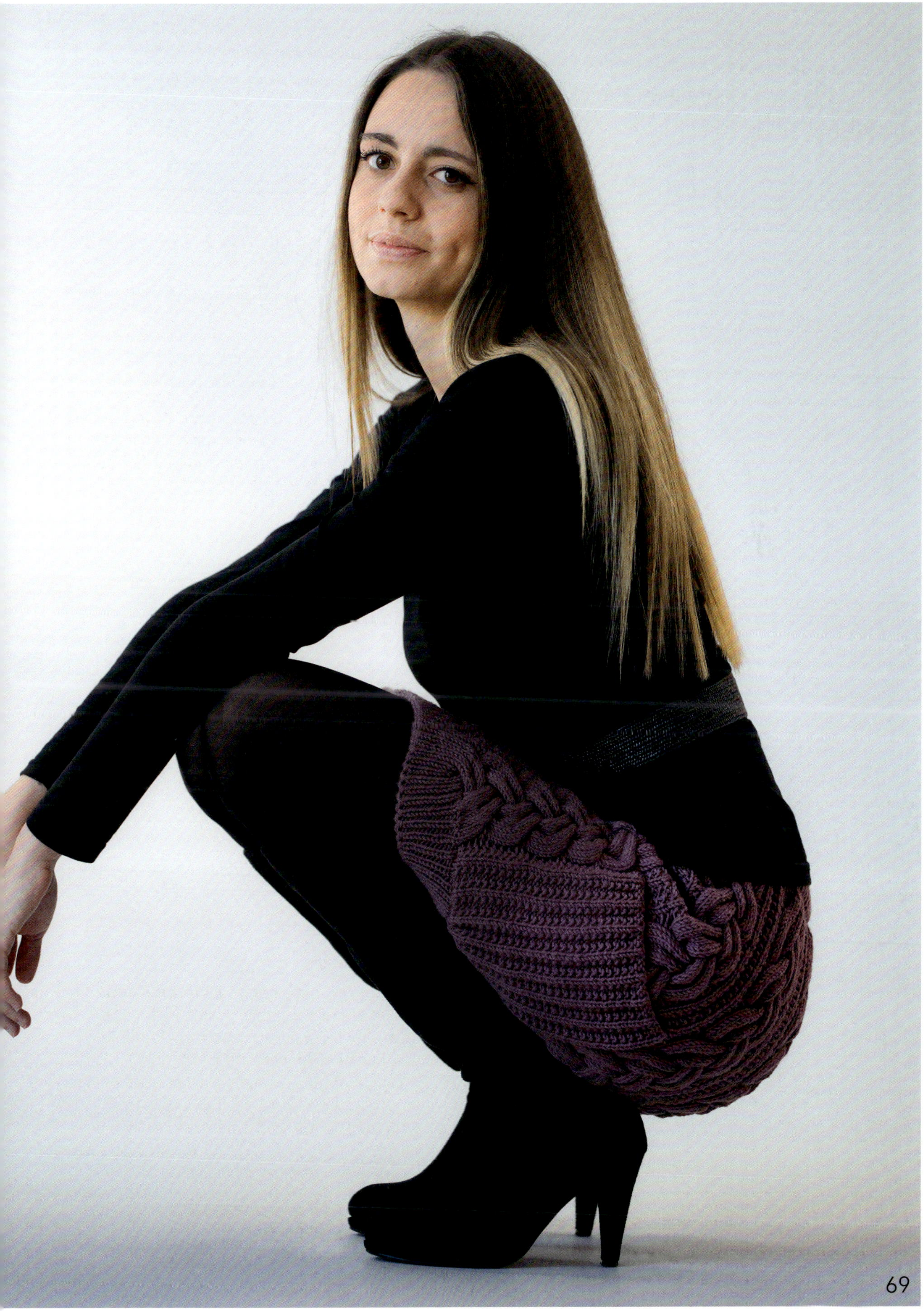

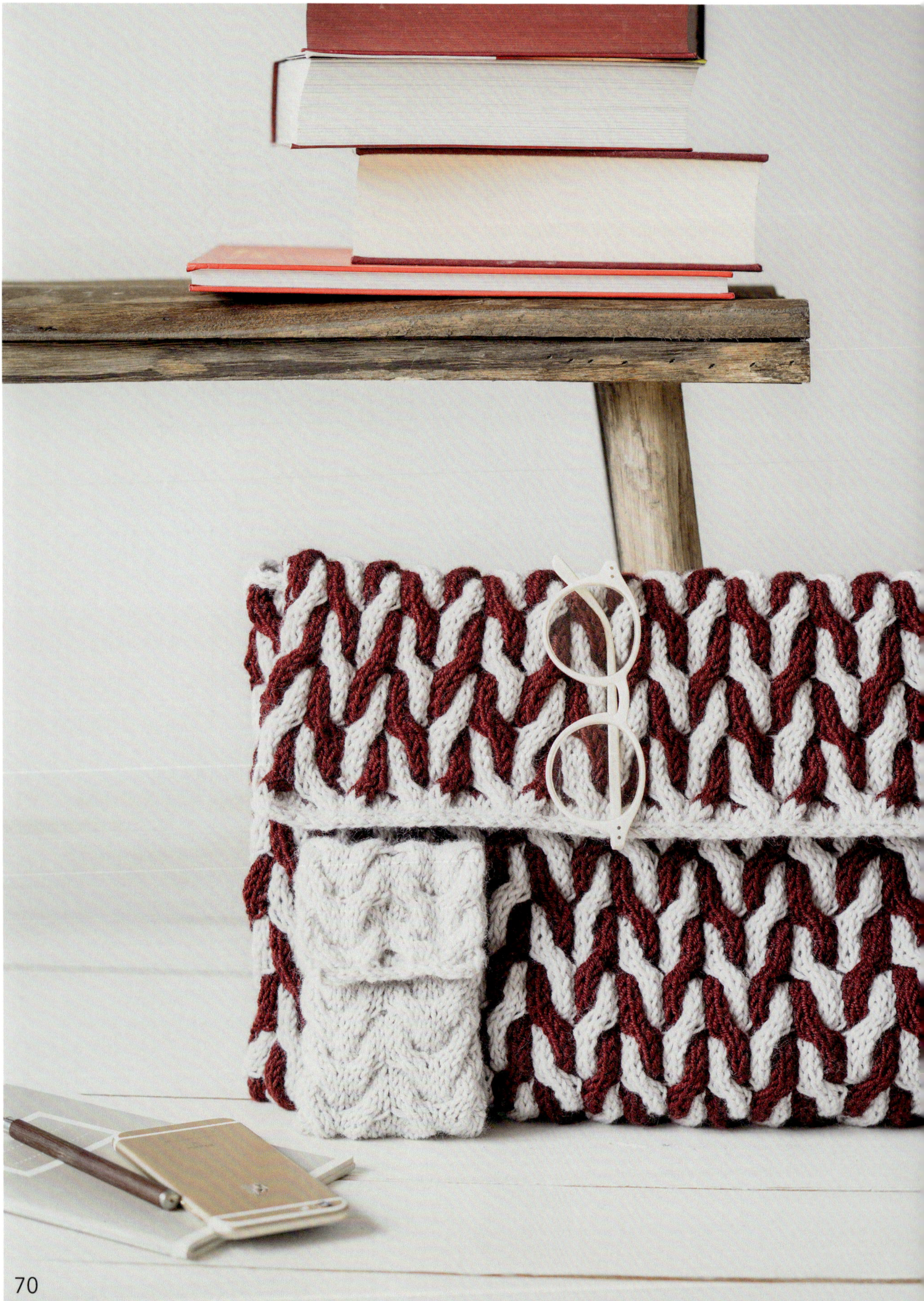

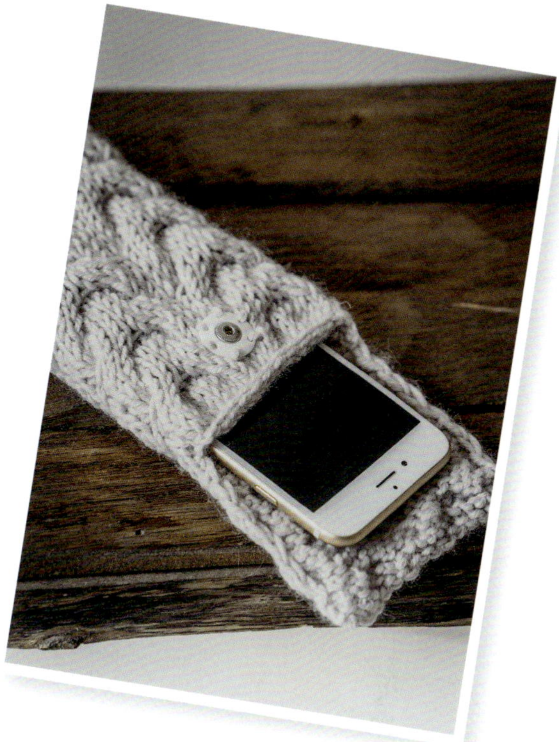

Laptoptasche

Schwierigkeitsgrad: mittel

Das voluminöse 2-farbige Zopfmuster von Seite 26 eignet sich prima als Schutz für Ihr Laptop und Handy und ist dabei gleichzeitig eine ganz außergewöhnliche Zopf-Variante. Interessant ist auch, dass Sie das gleiche Muster hier in 2 Versionen haben: mehrfarbig und unifarben. So kann man mit diesem Muster nach Herzenslust ausprobieren.

Größe:

Laptoptasche 44 cm x 30 cm
Smartphonetasche 10 cm x 15 cm

Material:

Junghans-Wolle Merino-Classic (50 % Schurwolle, 50%Polyacryl, L = 80 m/50 g): 250 g Pastellgrau (Fb 132 287) und 200 g Bordeaux (Fb 102 109); Rundstricknadeln in Stärke 4,5 mm, Zopfnadel; 8 Druckknöpfe von Union Knopf 25 mm (Artikel-Nr 19630) in Weiß (Fb 12)

Muster:

Glatt rechts: In HinR rechte M, in RückR linke M stricken.

2-farbiges Zopfmuster:
Maschenzahl teilbar durch 12 + 2 RandM. Nach der Strickschrift stricken.
Es sind die Hinreihen eines Höhenrapportes notiert. Die Maschen sind so bezeichnet, wie sie erscheinen. Die Zeichenerklärung beschreibt, wie sie in der jeweils folgenden Rückreihe gestrickt werden. Vor den Randmaschen jeweils einen weiteren Farbwechsel vornehmen, sodass beide Farben in jeder Reihe bis zum Reihenende fortgesetzt werden.
In den Hinreihen den Rapport mit der RandM vor dem rechten Pfeil beginnen, den Rapport von 12 Maschen zwischen den 2 Pfeilen stets wiederholen und mit der RandM nach dem linken Pfeil enden. In den Rückreihen die M entsprechend von links nach rechts lesen.

Die 1. - 12. Reihe stets wiederholen.

Unifarbenes Zopfmuster:
Maschenzahl teilbar durch 12 + 2 RandM. Nach der Strickschrift stricken.
Es sind die Hinreihen eines Höhenrapportes notiert. Die Maschen sind so bezeichnet, wie sie erscheinen. Die Zeichenerklärung beschreibt, wie sie in der jeweils folgenden Rückreihe gestrickt werden.
In den Hinreihen den Rapport mit der RandM vor dem rechten Pfeil beginnen, den Rapport von 12 Maschen zwischen den 2 Pfeilen stets wiederholen und mit der RandM nach dem linken Pfeil enden. In den Rückreihen die M entsprechend von links nach rechts lesen.
Die 1. - 6. Reihe stets wiederholen.

Maschenprobe:

2-farbiges Zopfmuster: 26 Maschen und 20 Reihen = 10 cm x 10 cm; unifarbenes Zopfmuster: 26 Maschen und 23 Reihen = 10 cm x 10 cm.

So wird's gemacht:

Für die Laptoptasche 116 M mit Pastellgrau anschlagen und in der 1. RückR linke M stricken. Noch 2 R glatt rechts mit Pastellgrau stricken, dann weiter über 72 cm = 144 Reihen im 2-farbigen Zopfmuster.
Anschießend alle M wie folgt mit I-Cord-Abschluss in Pastellgrau abketten: 3 M rechts (= 3 I-Cord-M, die nun nach und nach die folgenden stillgelegten M einfassen), * die 3 M mit dem Faden hinten zurück auf die linke Nadel heben, 2 M rechts, die 3. I-Cord-M wie zum Rechtsstricken abheben, 1 M der stillgelegten M rechts, dann die abgehobene I-Cord-M überziehen; ab * wiederholen, bis alle M aufgebraucht sind. Dann die 3 I-Cord-M rechts zusammenstricken, den Faden abschneiden und vernähen.
Aus der Anschlagkante 116 M auffassen und auf gleiche Weise einen I-Cord-Abschluss arbeiten.

Für die Smartphonetasche 26 M mit Pastellgrau anschlagen und in der 1. RückR linke M stricken. Noch 2 R glatt rechts stricken, dann weiter über 36 cm = 84 Reihen im unifarbigen Zopfmuster. Anschließend alle M mit I-Cord-Abschluss abketten.
Aus der Anschlagkante 26 M auffassen und auf gleiche Weise einen I-Cord-Abschluss arbeiten.

Fertigstellung:
Die Laptoptasche beidseitig über 30 cm schließen, 13 cm als Klappe offenlassen. 3 Druckknöpfe als Verschluss annähen.
Die Smartphonetasche beidseitig über 15 cm schließen, 7 cm als Klappe offenlassen. 1 Druckknopf als Verschluss annähen und 4 Druckknöpfe als Fixierung an die Laptoptasche.

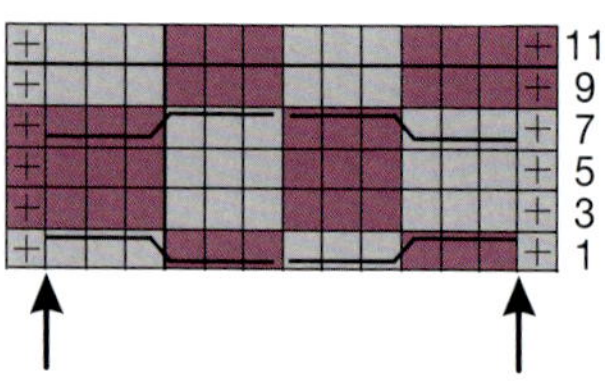

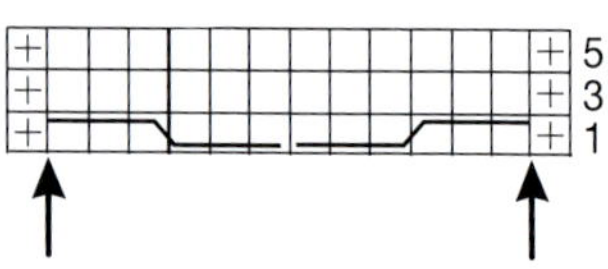

Zeichenerklärung:

[+] = Randmasche

 = 1 Masche rechts in Pastellgrau; in Rückreihen links in Pastellgrau

 = 1 Masche rechts in Bordeaux; in Rückreihen links in Bordeaux

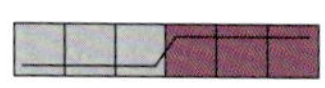 = 6er-Zopf (3 M hinten-3 Pastellgrau-3 Bordeaux): 3 Maschen auf einer Zopfnadel hinter die Arbeit legen, 3 Maschen rechts in Pastellgrau, dann die 3 Maschen der Zopfnadel rechts in Bordeaux; in Rückreihen 3 Maschen links in Bordeaux, 3 Maschen links in Pastellgrau

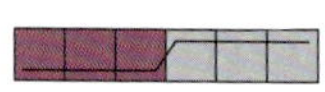 = 6er-Zopf (3 M hinten-3 Bordeaux-3 Pastellgrau): 3 Maschen auf einer Zopfnadel hinter die Arbeit legen, 3 Maschen rechts in Bordeaux, dann die 3 Maschen der Zopfnadel rechts in Pastellgrau; in Rückreihen 3 Maschen links in Pastellgrau, 3 Maschen links in Bordeaux

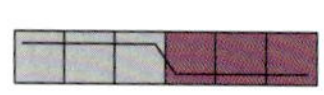 = 6er-Zopf (3 M vorne-3 Pastellgrau-3 Bordeaux): 3 Maschen auf einer Zopfnadel vor die Arbeit legen, 3 Maschen rechts in Pastellgrau, dann die 3 Maschen der Zopfnadel rechts in Bordeaux; in Rückreihen 3 Maschen links in Bordeaux, 3 Maschen links in Pastellgrau

 = 6er-Zopf (3 M vorne-3 Bordeaux-3 Pastellgrau): 3 Maschen auf der Zopfnadel vor die Arbeit legen, 3 M rechts in Bordeaux, dann die 3 Maschen der Zopfnadel rechts in Pastellgrau; in Rückreihen 3 Maschen links in Pastellgrau, 3 Maschen links in Bordeaux

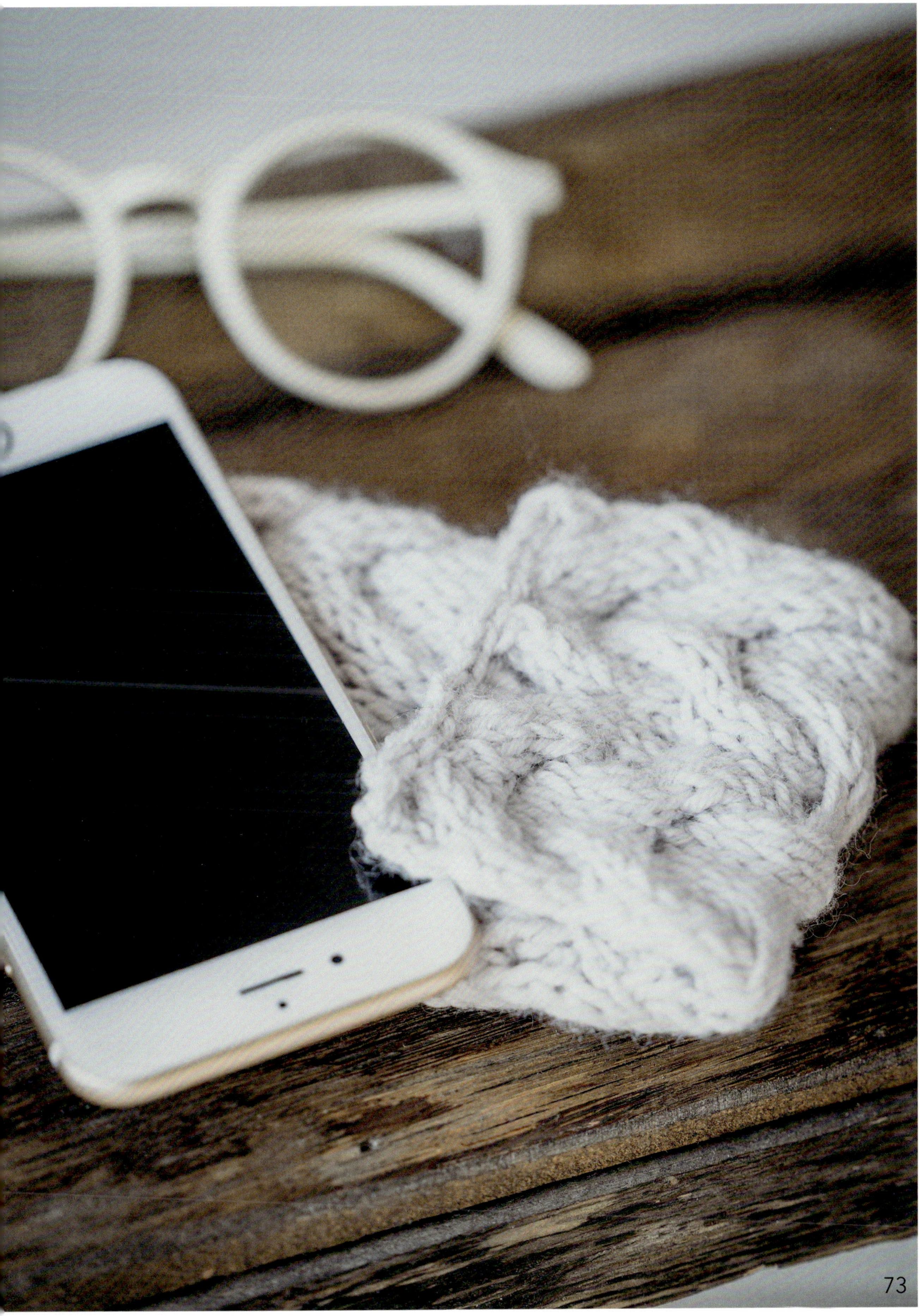

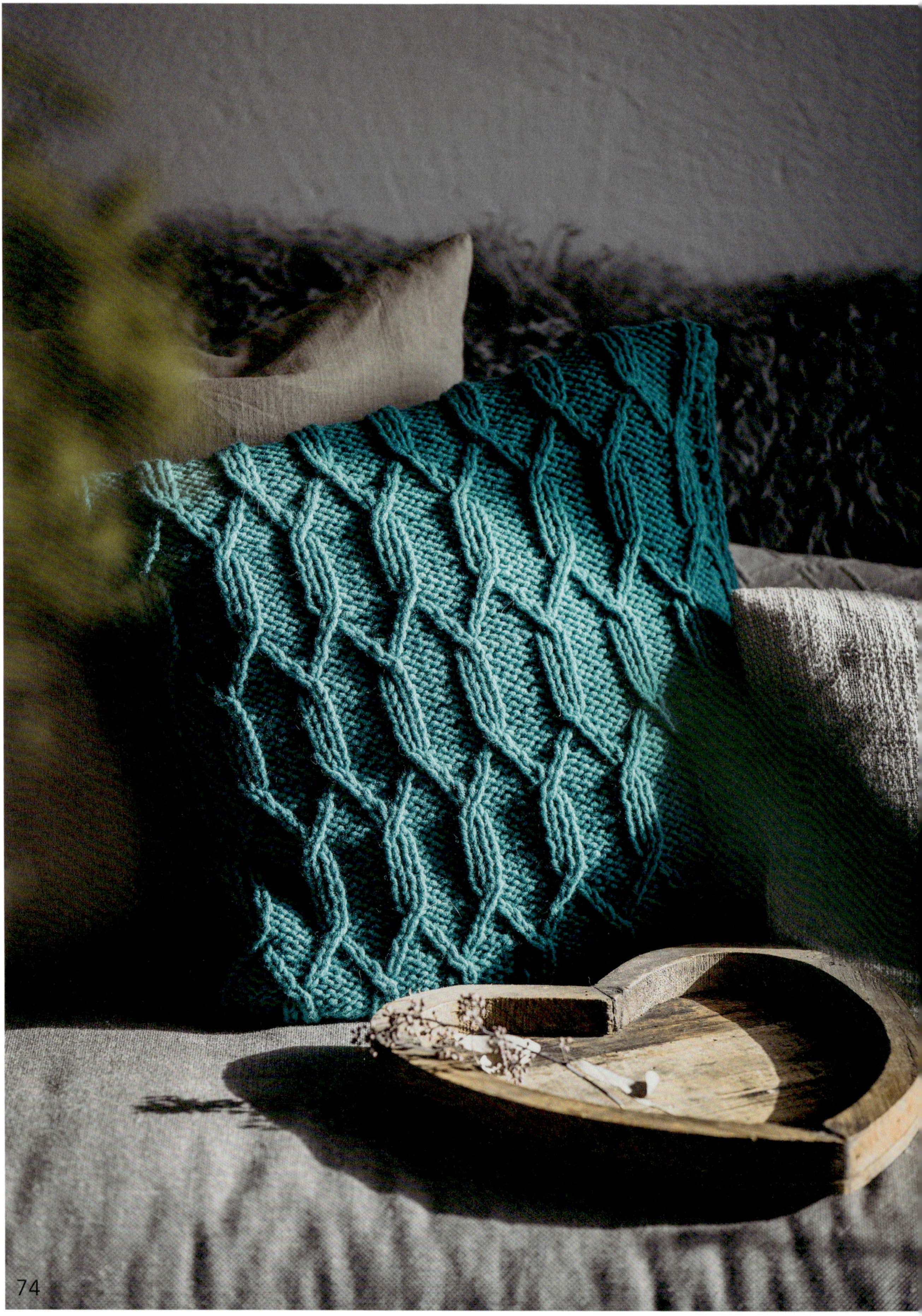

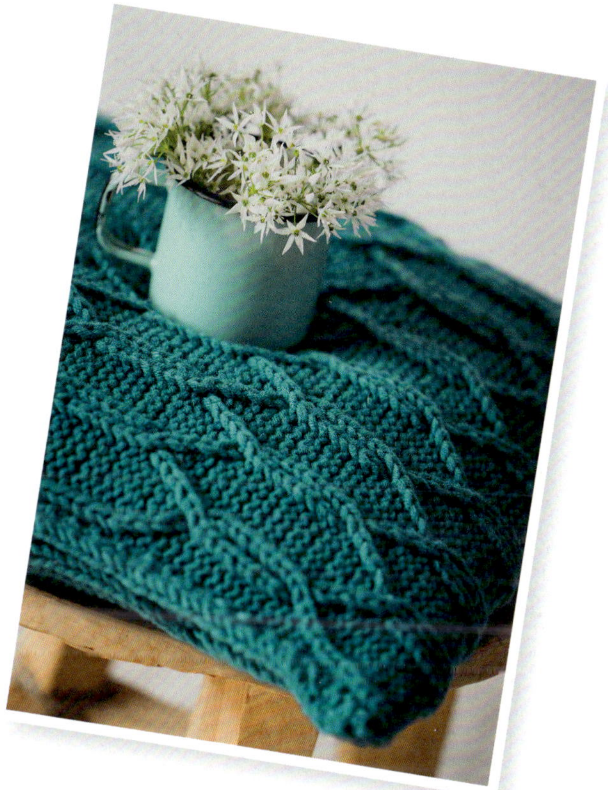

Kissen

Schwierigkeitsgrad: leicht

Selbstgestrickte Kissenbezüge sind prima als Anfängermodelle geeignet oder um sie einfach nebenher zu stricken. Sie strahlen eine wunderbare Gemütlichkeit aus. An dem schönen Kristallmuster von Seite 27 kann man sich kaum satt sehen und es eignet sich prima als Kissenmuster.

Größe:
40 cm x 40 cm

Material:
Junghans-Wolle Merino Dick (70 % Schurwolle, 30 % Polyacryl, LL = 55 m/50 g), 350 g Dunkelgrün (Fb 106-805); Rundstricknadel in Stärke 7 mm, Zopfnadel; Kisseninlett 40 cm x 40 cm.

Muster:
Kristallmuster:
Maschenzahl teilbar durch 8 + 1 + 2 RandM. Nach Strickschrift arbeiten.
Es sind die Hinreihen eines Höhenrapportes notiert. Die Maschen sind so bezeichnet, wie sie erscheinen. Die Zeichenerklärung beschreibt, wie sie in der jeweils folgenden Rückreihe gestrickt werden.

In den Hinreihen mit der RandM und der bzw den M vor dem rechten Pfeil beginnen, den Rapport von 8 M zwischen den Pfeilen stets wiederholen und mit den M und der RandM nach dem linken Pfeil enden. In den Rückreihen die M entsprechend von links nach rechts lesen. Der Rapport verschiebt sich in einigen Reihen, sodass er nicht durch einzelne Zöpfe verläuft.

Die 1. – 32. Reihe stets wiederholen.

Maschenprobe:
16,5 Maschen und 16 Reihen = 10 cm x 10 cm.

So wird's gemacht:

67 M anschlagen und über 100 cm = 160 Reihen im Kristallmuster stricken (= 5x die 1. - 32. Reihe des Musters).
Dann alle Maschen wie folgt mit I-Cord-Abschluss abketten: 2 M rechts (= 2 I-Cord-M, die nun nach und nach die folgenden stillgelegten M einfassen), * die 2 M mit dem Faden hinten zurück auf die linke Nadel heben, 1 M rechts, die 2. I-Cord-M wie zum Rechtsstricken abheben, 1 M der stillgelegten M rechts, dann die abgehobene I-Cord-M überziehen; ab * wiederholen, bis alle M aufgebraucht sind. Anschließend die 2 I-Cord-M rechts zusammenstricken, den Faden abschneiden und vernähen. Der I-Cord-Rand ist später nach außen sichtbar.

Fertigstellung:

Nun die seitlichen Nähte wie folgt schließen: Den Streifen so links auf links falten, dass jeweils 2 Höhenrapport = 40 cm Höhe aufeinanderliegen und beim unteren Stück noch ein weiterer Höhenrapport über 20 cm weiter über die aufeinandergelegten Stücke hinausragt. Dieser Überstand wird später zum Einschlagen des Inletts benötigt und an den Seiten zunächst noch nicht mitgefasst.

Dann an beiden Seiten jeweils von der gefalteten unteren Kante zur offenen Kante hin die Seitennähte mit dem I-Cord-Abschluss wie zuvor schließen, dazu immer 1 RandM von der Vorderseite und 1 RandM von der Rückseite im Wechsel auffassen, beide I-CordM mit dem Faden hinten zurück auf die linke Nadel heben, 1 M rechts, die 2. I-Cord-M wie zum Rechtsstricken abheben, 1 M der Vorderseite und 1 M der Rückseite rechts zusammen, dann die 2. I-Cord-M überziehen; ab * wiederholen, bis alle M aufgebraucht sind. Den noch offenen Rapport von 20 cm Höhe als Innenlasche einlegen und seitlich annähen. Dann das Kissen einziehen.

Tipp:

Alternativ kann man die Maschen auch normal abketten und die Seiten zusammennähen oder häkeln, jedoch gibt der I-Cord-Abschluss einen schönen, sauberen Rand.

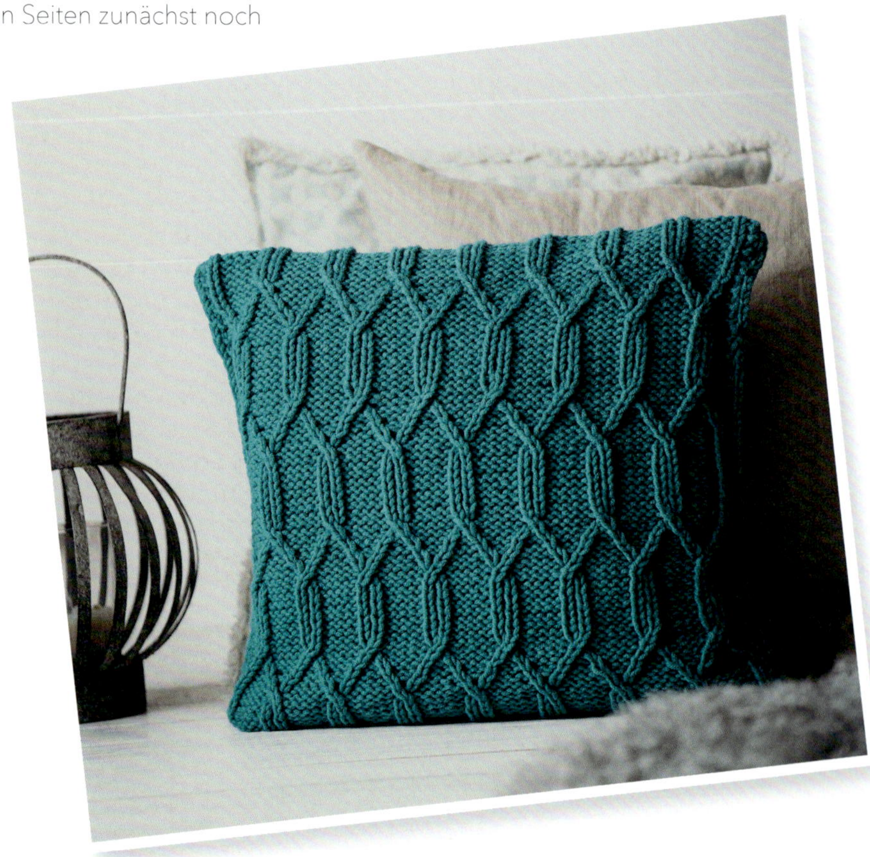

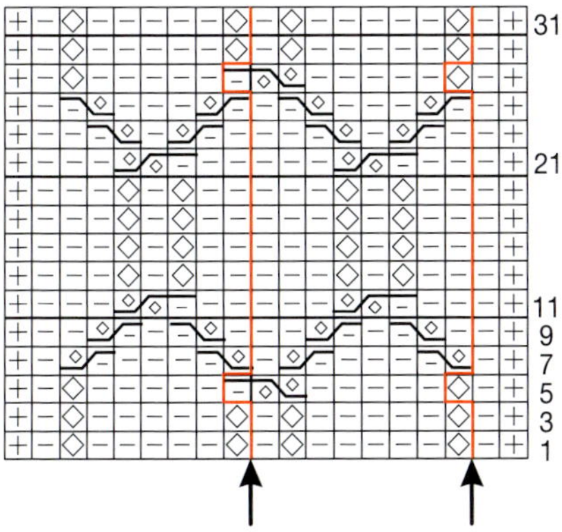

Zeichenerklärung:

[+] = Randmasche
[◇] = 1 Masche rechts verschränkt; in Rückreihen links
[–] = 1 Masche links; in Rückreihen rechts
[◇/◇–] = 3er-Zopf (2 M hinten-1re verschr-1li-1re verschr): 2 Maschen auf einer Zopfnadel hinter die Arbeit legen, 1 Masche rechts verschränkt, dann die 2 Maschen der Zopfnadel: 1 M links, 1 M rechts verschränkt; in Rückreihen 1 Masche links, 1 Masche rechts, 1 Masche links
[–◇\◇] = 3er-Zopf (1 M vorne 1re verschr-1li-1re verschr): 1 Masche auf einer Zopfnadel vor die Arbeit legen, 1 Masche rechts verschränkt, 1 Masche links, dann die Masche der Zopfnadel rechts verschränkt; in Rückreihen 1 Masche links, 1 Masche rechts, 1 Masche links
[◇/–] = 2er-Zopf (1 M hinten-1re verschr-1li): 1 Masche auf einer Zopfnadel hinter die Arbeit legen, 1 Masche rechts verschränkt, dann die Masche der Zopfnadel links; in Rückreihen 1 Masche links, 1 Masche rechts
[–\◇] = 2er-Zopf (1 M vorne-1li-1re verschr): 1 Masche auf einer Zopfnadel vor die Arbeit legen, 1 Masche links, dann die Masche der Zopfnadel rechts verschränkt; in Rückreihen 1 Masche links, 1 Masche rechts

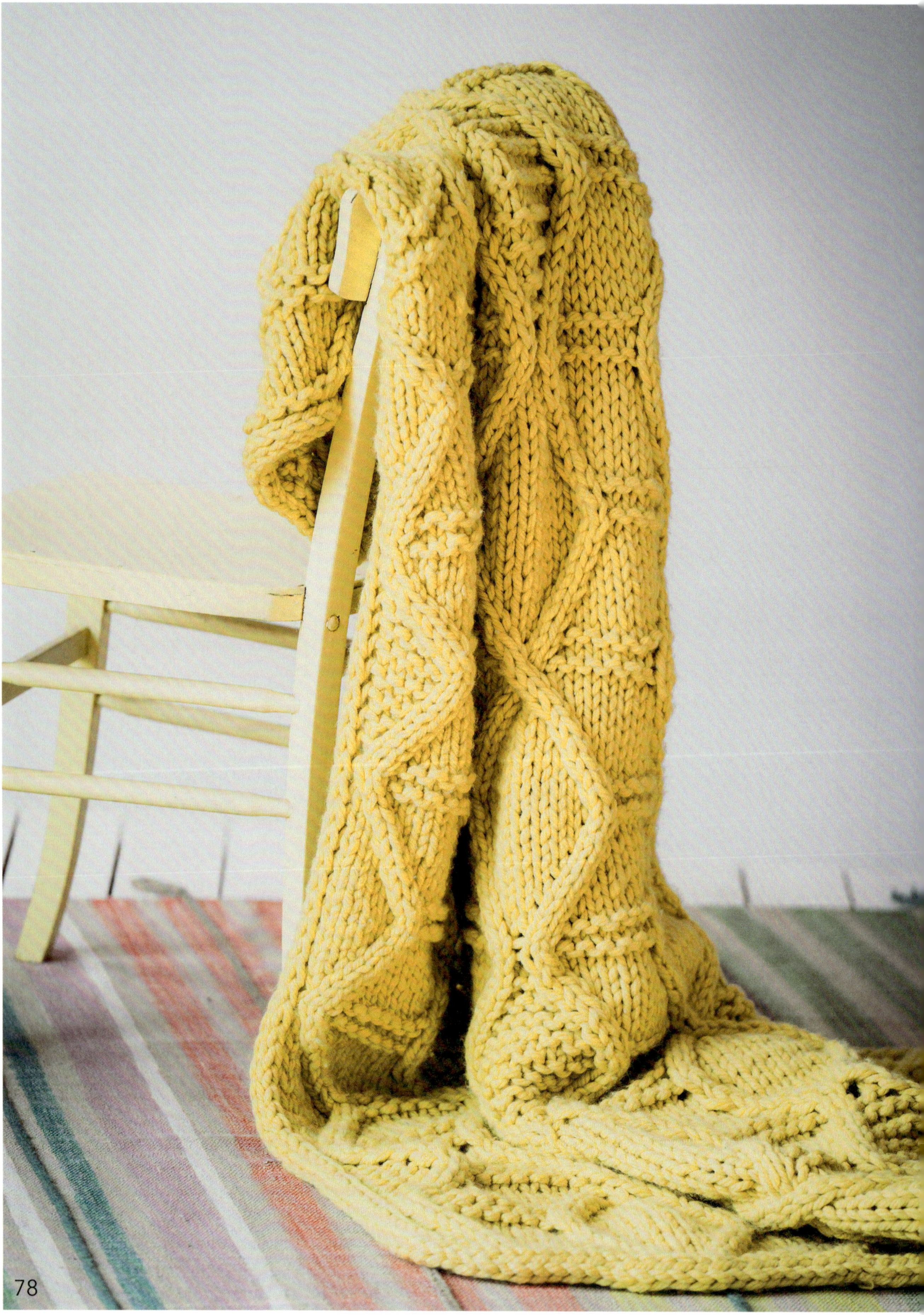

Decke

Schwierigkeitsgrad: mittel

Diese dicke Kuscheldecke ist der perfekte Begleiter für gemütliche (Strick-)Abende auf der Couch. Mit ihrem schönen Sternenmuster von Seite 29 ist sie ein wunderschöner Blickfang in jedem Wohnzimmer. Durch das extrem dicke Material ist sie auch noch sehr schnell gestrickt.

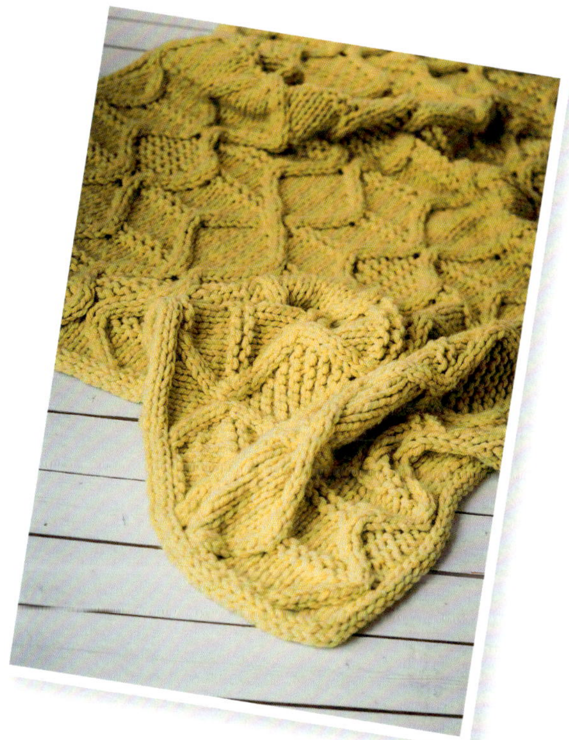

Größe:
117 cm x 165 cm

Material:
ONline Campo Linie 467 (55 % Schurwolle Merino, 45 % Polyacryl, LL = 50 m/100 g): 1700 g Hellgelb (Fb 08); Rundstricknadel in Stärke 15 mm; Zopfnadel.

Muster:
Sternzopf:
Maschenzahl teilbar durch 32 + 16 + 2 Randmaschen. Nach Strickschrift arbeiten.
Es sind die Hinreihen des Höhenrapports gezeichnet. Die M sind so bezeichnet, wie sie erscheinen. Die Zeichenerklärung beschreibt, wie sie in der jeweils folgenden Rückreihe gestrickt werden.

In den Hinreihen mit der RandM und den 9 M vor dem rechten Pfeil beginnen, den Rapport von 32 M zwischen den Pfeilen stets wiederholen und mit den 7 M und der RandM nach dem linken Pfeil enden. In den Rückreihen die M entsprechend von links nach rechts lesen.

Die 1. - 60. Reihe stets wiederholen.

Maschenprobe:
7 Maschen und 8,5 Reihen = 10 cm x 10 cm.

So wird's gemacht:

82 M anschlagen und 165 cm = 140 Reihen (= 2x die 1. – 60. Reihen und noch 1x die 1. – 20. Reihe) im Sternzopfmuster stricken.

Die 82 M wie folgt im I-Cord-Abschluss abketten, dann noch weiter ringsherum über die anderen 3 Kanten der Decke die M nach und nach auffassen und gleich wieder im I-Cord-Abschluss abketten, so dass eine schöne und einheitliche Kante entsteht: 3 M rechts (= 3 I-Cord-M, die nun nach und nach die folgenden stillgelegten M einfassen), * die 3 M mit dem Faden hinten zurück auf die linke Nadel heben, 2 M rechts, die 3. I-Cord-M wie zum Rechtsstricken abheben, 1 M der offenen oder später neu aufgefassten M rechts, dann die abgehobene I-Cord-M überziehen; ab * wiederholen, bis alle M aufgebraucht sind. Anschließend die 3 I-Cord-M rechts zusammenstricken, den Faden abschneiden und vernähen.

Tipp: Um die Decke zu vergrößern, addieren sie zu der Zahl der angeschlagenen Maschen einfach z.B. einen Mustersatz von 32 Maschen dazu. Die Größe können sie beliebig erweitern, bis sie ihnen angenehm ist. Denken sie aber daran, dass sie dann auch mehr Wolle brauchen!

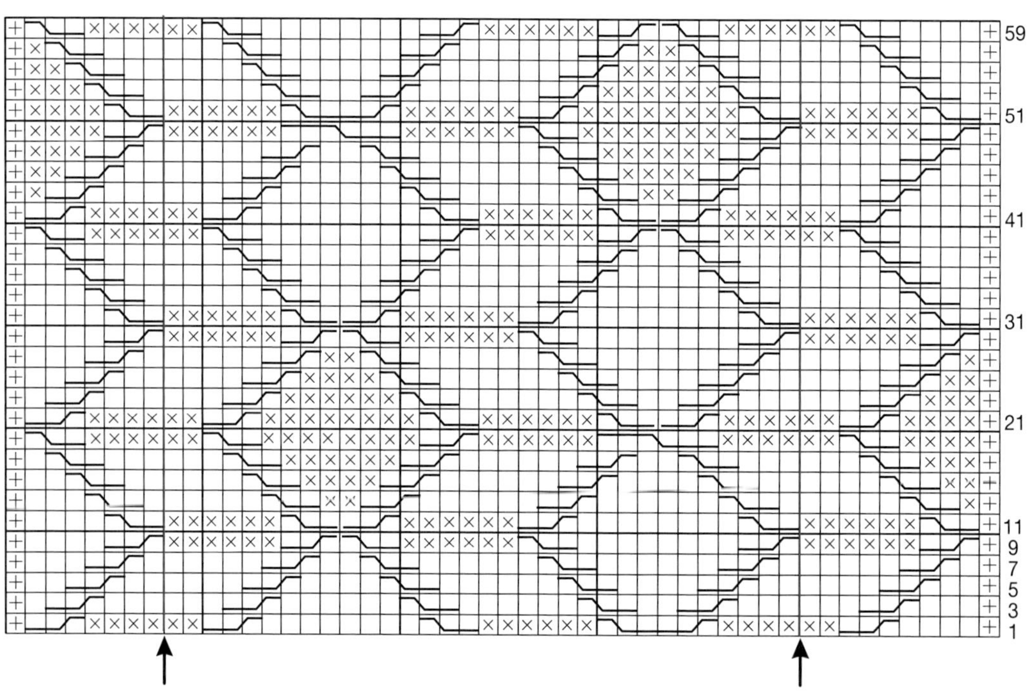

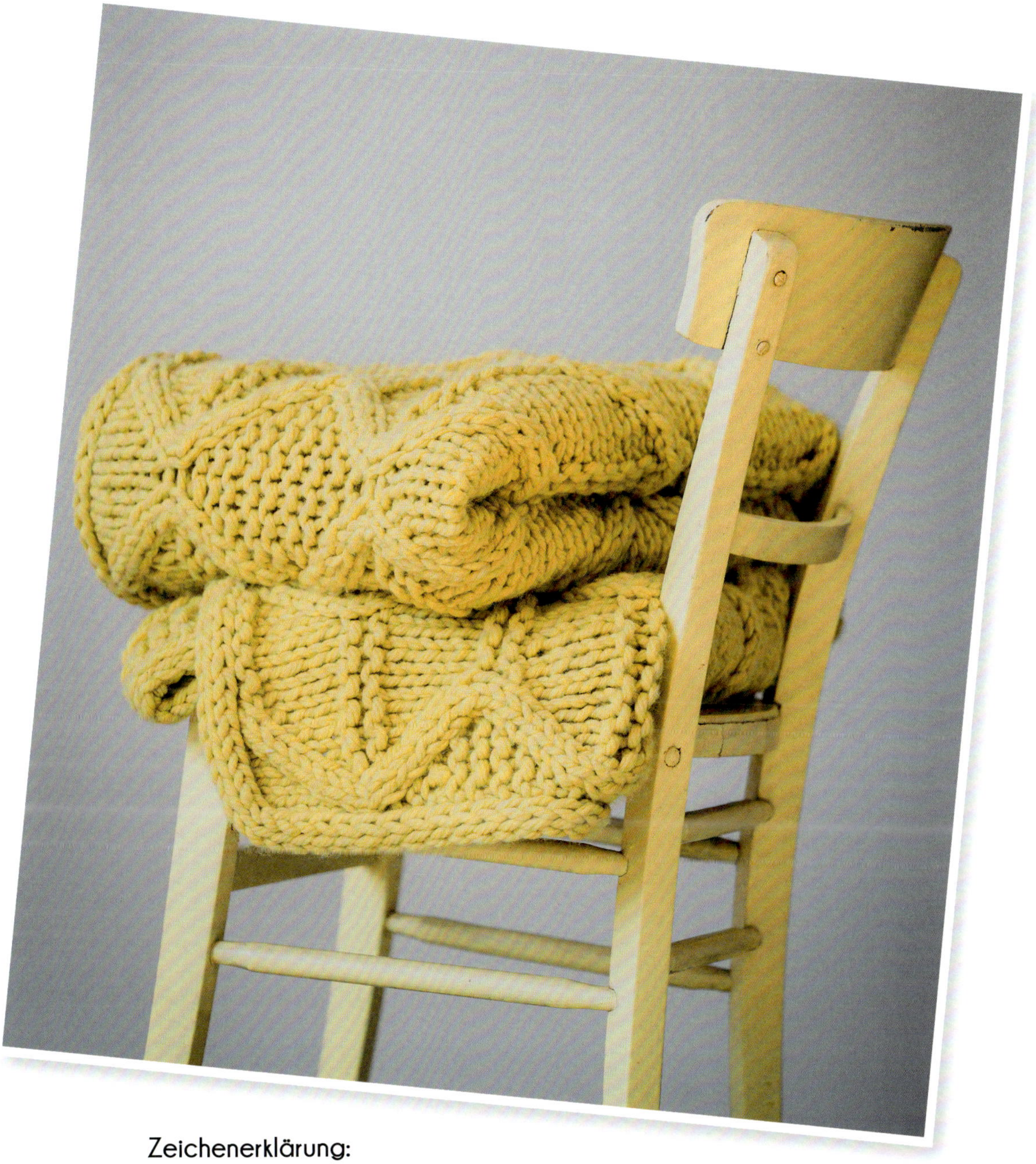

Zeichenerklärung:

[+] = Randmasche

[ ] = 1 Masche glatt rechts; in Rückreihen links

[X] = 1 Masche kraus rechts; in Rückreihen rechts

[–] = 1 Masche links; in Rückreihen rechts

= 3er Zopf (1 M hinten): 1 M auf einer Zopfnadel hinter die Arbeit legen, 1 Masche rechts, dann die 2 Maschen der Zopfnadel rechts; in Rückreihen 3 Maschen links

= 3er Zopf (2 M vorne): 1 M auf einer Zopfnadel hinter die Arbeit legen, 2 Maschen rechts, dann die Masche der Zopfnadel rechts; in Rückreihen 3 Maschen links

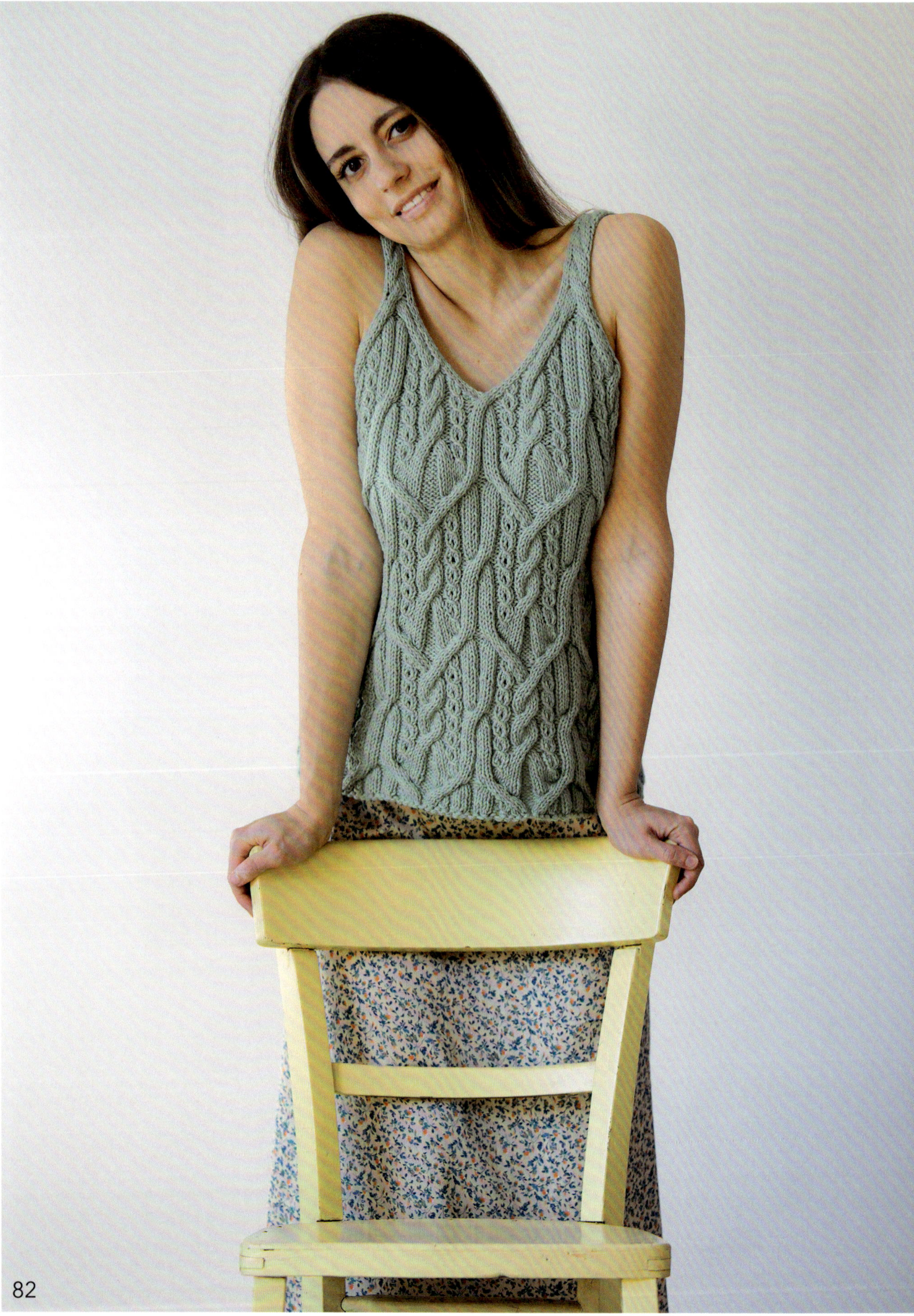

Top

Schwierigkeitsgrad: mittel

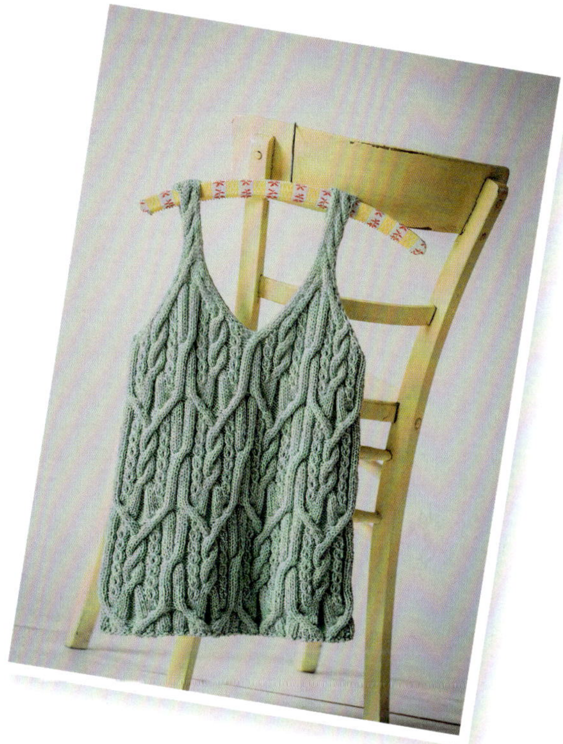

Dieses Top mit dem Muster von Seite 32 ist ein wahres Kunstwerk, dabei lässt sich das Muster wirklich sehr gut stricken und ist viel leichter, als man denken mag. Die Verzopfungen ergeben sich beinahe intuitiv, wenn man erst einmal dabei ist. Das süße Oberteil kann man im Sommer einzeln tragen oder im Winter unter einer Jacke. So macht es jedes Outfit zu etwas Besonderem.

Größe:

36/38

Material:

Lana Grossa Linea Pura Fourseason (45 % Schurwolle, 40 % Baumwolle, 15 % Kaschmir, LL = 105 m/50 g), 250 g Hellgrün (Fb 24); Rundstricknadeln in Stärke 4,5 mm, Zopfnadel.

Muster:

Rosengartenmuster:
Maschenzahl teilbar durch 28 + 28 + 2 Randmaschen. Nach Strickschrift arbeiten.
Die Maschen sind so bezeichnet, wie sie erscheinen. Die Zeichenerklärung beschreibt, wie sie in der jeweils folgenden Rückreihe gestrickt werden.
In den Hinreihen mit der RandM und den 14 M vor dem rechten Pfeil beginnen, den Rapport von 28 M zwischen den Pfeilen stets wiederholen und mit den 14 M und der RandM nach dem linken Pfeil enden. In den Rückreihen die M entsprechend von links nach rechts lesen.

Die 1. - 36. Reihe stets wiederholen.

Zopfmuster für linken Träger:
1. Reihe (Hinreihe): 2 RandM, 6er-Zopf (3 M vorne) (= 3 M auf einer Zopfnadel nach vorne, 3 M rechts, 3 M der Zopfnadel rechts), 3 RandM.
2. Reihe (Rückreihe) und alle Rückreihen: Alle Maschen links stricken.
3. und 5. Reihe: Alle M rechts stricken.

Die 1. - 6. Reihe stets wiederholen.

Zopfmuster für rechten Träger:
Gegengleich zum linken Träger
1. Reihe (Hinreihe): 3 RandM, 6er-Zopf (3 M vorne) (= 3 M auf einer Zopfnadel nach vorne, 3 M rechts, 3 M der Zopfnadel rechts), 2 RandM.
2. - 6. Reihe: Wie beim linken Träger arbeiten.

Maschenprobe:

25 Maschen und 24 Reihen = 10 cm x 10 cm.

So wird's gemacht:

Für das Rückenteil 114 M anschlagen und 1 RückR linke M stricken. Weiter im Rosengartenmuster arbeiten.

Nach 41 cm = 98 Reihe Höhe für die Armausschnitte an beiden Seiten erst 1x 3 M abketten, dann in jeder 2. R noch 10x 2 M abketten (= nach der RandM jeweils 3 M überzogen zusammen und am Ende der Reihe vor der RandM 3 Maschen rechts zusammen).
Gleichzeitig für den V-Ausschnitt mittig 2 M abketten und die Verzopfung trotzdem ausführen, um einen schönen Übergang zu bekommen und beide Seiten getrennt weiterarbeiten. Für den V-Ausschnitt ebenfalls in jeder 2. Reihe 10x 2 M abnehmen, dafür 2 RandM zur vorderen Mitte stricken und die Abnahme wie am Armausschnitt arbeiten.

Nach 9 cm = 22 Reihen ab Beginn Armausschnitt die mittleren 2 linken M zwischen 2 Zöpfen wie folgt abnehmen: die 1. linke M mit der rechten M davor rechts überzogen zusammen (= die rechte M wie zum Rechtsstricken abheben, 1 M rechts, dann die abgehobenen M überziehen), die 2. linke M mit der folgenden rechten M rechts zusammen). Beide Abnahmestellen verschwinden damit elegant unter der nächsten Verzopfung. Die restlichen 11 M für die Träger im Zopfmuster (jeweils einen rechten und linken Träger) über 11 cm = 22 Reihen stricken, dann alle M abketten.

Das Vorderteil wie das Rückenteil stricken.

Fertigstellung:
Die Träger- und Seitennähte schließen.

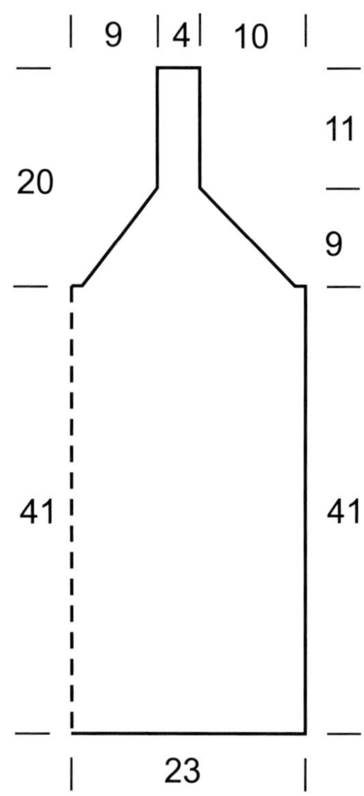

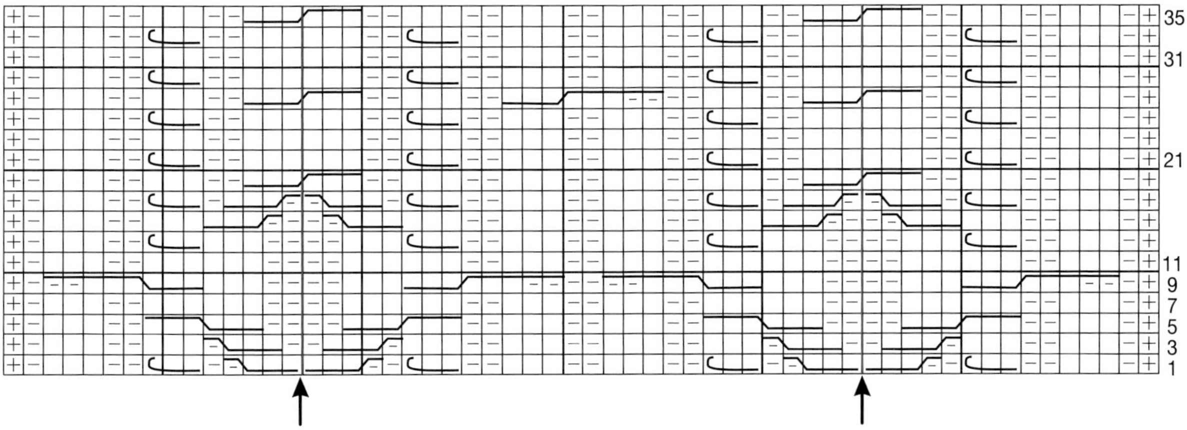

Zeichenerklärung:

 = Randmasche

 = 1 Masche rechts; in Rückreihen links

 = 1 Masche links; in Rückreihen rechts

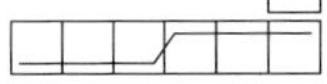 = 6er-Zopf (3 M hinten): 3 Maschen auf einer Zopfnadel hinter die Arbeit legen, 3 Maschen rechts, dann die 3 Maschen der Zopfnadel rechts; in Rückreihen 6 Maschen links

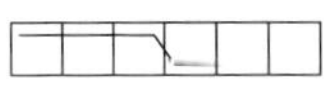 = 6er-Zopf (3 M vorne): 3 Maschen auf einer Zopfnadel vor die Arbeit legen, 3 Maschen rechts, dann die 3 Maschen der Zopfnadel rechts; in Rückreihen 6 Maschen links

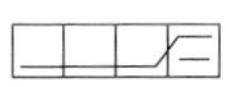 = 4er-Zopf (1 M hinten-3re-1li): 1 Masche auf der Zopfnadel hinter die Arbeit, 3 Maschen rechts, dann die Masche der Zopfnadel links; in Rückreihen 1 Masche rechts, 3 Maschen links

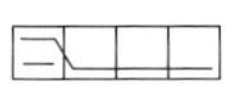 = 4er-Zopf (3 M vorne-1li-3re): 3 Maschen auf der Zopfnadel vor die Arbeit, 1 Masche links, dann die 3 Maschen der Zopfnadel rechts; in Rückreihen 3 Maschen links, 1 Masche rechts

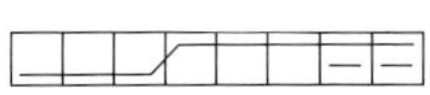 = 8er-Zopf (5 M hinten-3re-2li-3re): 5 Maschen auf der Zopfnadel hinter die Arbeit legen, 3 Maschen rechts, dann die 5 Maschen der Zopfnadel: 2 Maschen links, 3 Maschen rechts; in Rückreihen 3 Maschen links, 2 Maschen rechts, 3 Maschen links

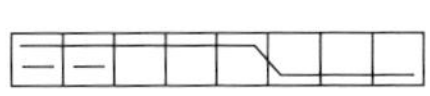 = 8er-Zopf (3 M vorne-3re-2li-3re): 3 Maschen auf der Zopfnadel vor die Arbeit legen, 3 Maschen rechts, 2 Maschen links, Maschen der Zopfnadel rechts; in Rückreihen 3 Maschen links, 2 Maschen rechts, 3 Maschen links

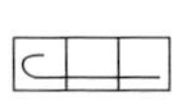 = 3er-Überzugzopf: 1 Masche wie zum Rechtsstricken abheben, 2 Maschen rechts, dann die abgehobene Masche über die letzten 2 Maschen ziehen; in Rückreihen 1 Masche links, 1 Umschlag, 1 Masche links (durch den Umschlag in der Rückreihe gleicht sich die Maschenzahl wieder aus)

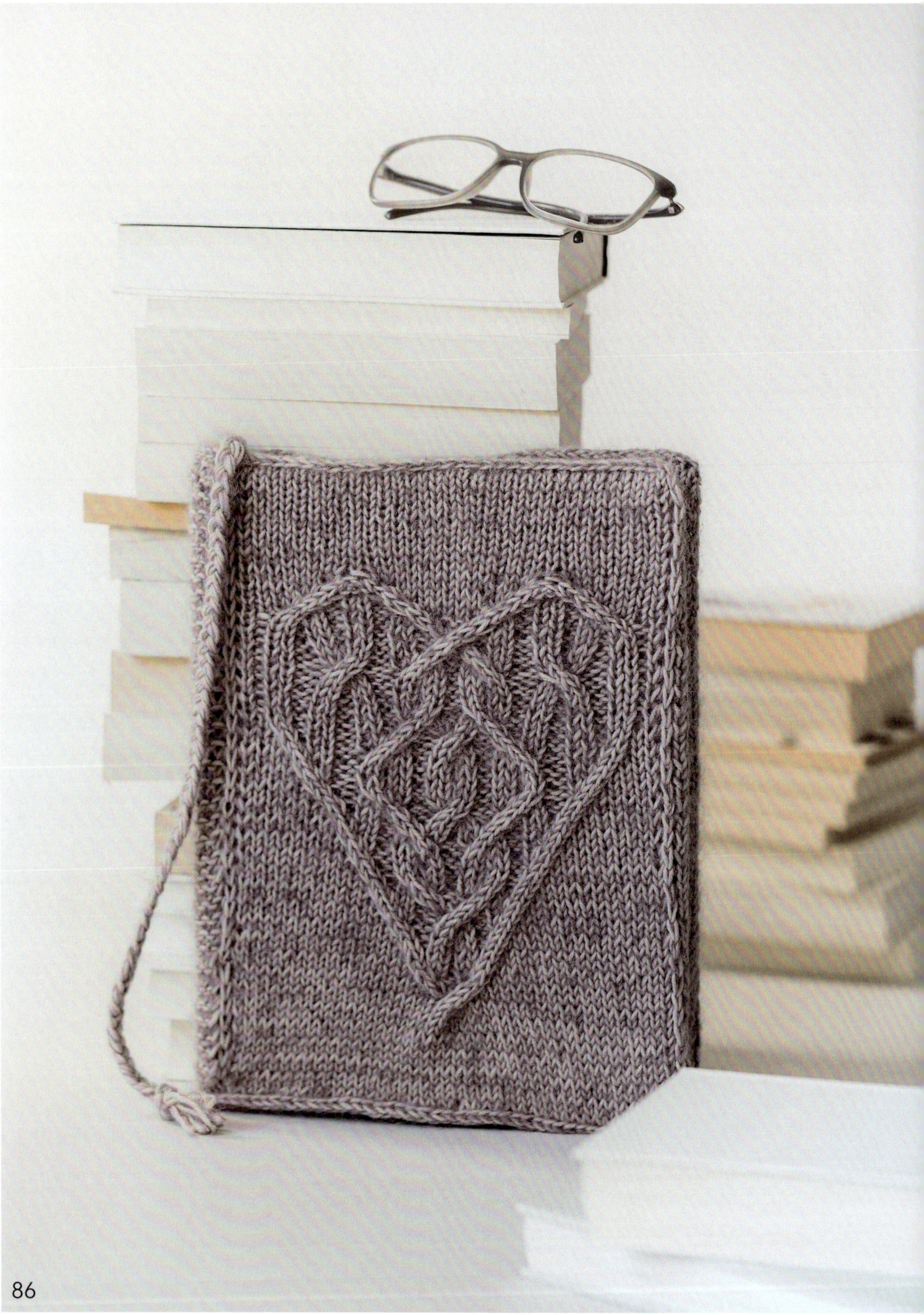

Buchhülle

Schwierigkeitsgrad: mittel

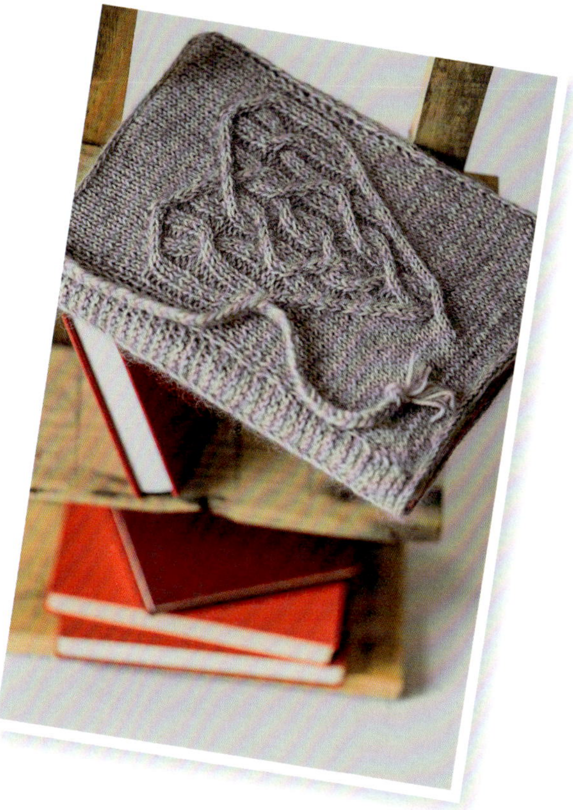

Die Buchhülle mit dem wunderschönen Herzenszopf von Seite 37 ist prima, um Bücher zu individualisieren. Für Schule, Studium, im Berufsleben oder privat ... Sie macht aus jedem Buch ein besonderes Stück!

Größe:
21 cm x 27 cm

Material:
Lana Grossa Cool Wool (100% Schurwolle Merino, LL = 160 m/50 g): 100 g helles Rosenholz (Fb 2010) und Lana Grossa Silkhair (70% Mohair, 30% Seide, LL = 210 m/25 g): 25 g Taupe (Fb 035); Rundstricknadel in Stärke 4 mm, 2 Hilfsnadeln in Stärke 4 mm, Zopfnadel.

Muster:

Kraus rechts:
In Hin- und Rückreihen rechte Maschen stricken.

Herzenszopf:
Maschenzahl teilbar durch 40 M. Nach Strickschrift stricken.
Es sind die Hinreihen des Musters notiert. Die Maschen sind so bezeichnet, wie sie erscheinen. Die Zeichenerklärung beschreibt, wie sie in der jeweils folgenden Rückreihe gestrickt werden. In den Hinreihen 1x die 40 M des Musters von rechts nach links arbeiten. In den Rückreihen die M entsprechend von links nach rechts lesen. Wie in der Anleitung beschrieben 1x die 1. - 52. Reihe stricken.

Tiefgestochene Masche:
In Hinreihen 1 Reihe tiefer unter der M einstechen und rechts abstricken; in Rückreihen ganz normal links abstricken.

Herzbogen rechts:
* Den Querfaden von vorne auf die linke Nadel heben und rechts verschränkt abstricken; ab * noch 1x wiederholen, dann die nächsten 3 M abheben und nacheinander erst die mittlere M, dann die rechte M über die linke M ziehen, diese letzte M zurück auf die linke Nadel heben und rechts stricken.

Herzbogen links:
3 M abheben, dann nacheinander erst die mittlere M, dann die rechte M über die linke M ziehen, diese letzte M zurück auf die linke Nadel heben und rechts stricken, dann * den Querfaden von vorne auf die linke Nadel heben und rechts verschränkt abstricken; ab * noch 1x wiederholen.

Maschenprobe:
20 Maschen und 28 Reihen = 10 cm x 10 cm.

So wird's gemacht:

2-fädig mit jeweils 1 Faden Cool Wool und Silkhair stricken.

124 M anschlagen und 1 RückR linke M stricken. Dann in folgender Einteilung stricken:
1 RandM, 1 M links, 1 rechts, 1 M links, 11 M rechts (= Innenlasche vorne), 1 tiefgestochene M (= Knickkante), 42 M rechts (= Buchvorderseite), 1 tiefgestochene M, 5 M kraus rechts, 1 tiefgestochene M (= Buchrücken), 42 M rechts (= Buchrückseite), 1 tiefgestochene M (= Knickstelle), 12 M rechts, 1 M links, 1 rechts, 1 M links, RandM (= Innenlasche hinten).

Nach 4 cm = 12 Reihen auf der Buchvorderseite mittig das Herzensmuster arbeiten und 19 cm = 1x die 1. - 52. Reihen stricken. Noch einmal 4 cm = 12 Reihen in der vorherigen Einteilung stricken, dann einen I-Cord-Abschluss arbeiten:

Die M beider Innenlaschen jeweils auf eine Hilfsnadel heben und an der Knickstelle nach innen falten. An der Knickstelle der Buchvorderseite beginnen: die tiefgestochene M rechts und 1x je 1 M Buchvorderseite und 1 M Innenlasche rechts zusammenstricken (= die ersten beiden I-Cord-Maschen).
* Beide M mit dem Faden hinten zurück auf die linke Nadel heben, 1 M rechts, die 2. I-Cord-M wie zum Rechtsstricken abheben, 1 M der Buchvorderseite und 1 M der Innenlasche rechts zusammen, dann die 2. I-Cord-M überziehen; ab * wiederholen, bis alle M der 1. Innenlasche aufgebraucht sind.

Dann den I-Cord-Abschluss über die Umschlag-M weiterführen: * Beide M mit dem Faden hinten zurück auf die linke Nadel heben, 1 M rechts, die 2. I-Cord-M wie zum Rechtsstricken abheben, 1 M rechts, dann die 2. I-Cord-M überziehen; ab * bis zu den letzten 33 M (= 16 M Innenlasche, 1 Knickstelle, 16 M Buchrückseite wiederholen.

Anschließend wie bei der Buchvorderseite die M von Buchrückseite und Innenlasche im I-Cord-Abschluss zusammen einstricken. Die letzten 2 M abketten und annähen.

Aus der Anschlagkante 124 M auffassen und ebenfalls einen I-Cord-Abschluss arbeiten.

Fertigstellung:

Für das Lesezeichen je 3 Fäden Cool Wool und Silkhair von jeweils ca. 150 cm schneiden, dann die Fäden mittig teilen und flechten. Zur Fixierung das Ende verknoten und das Lesezeichen mit der anderen Seite an die obere Mitte der Buchhülle annähen.

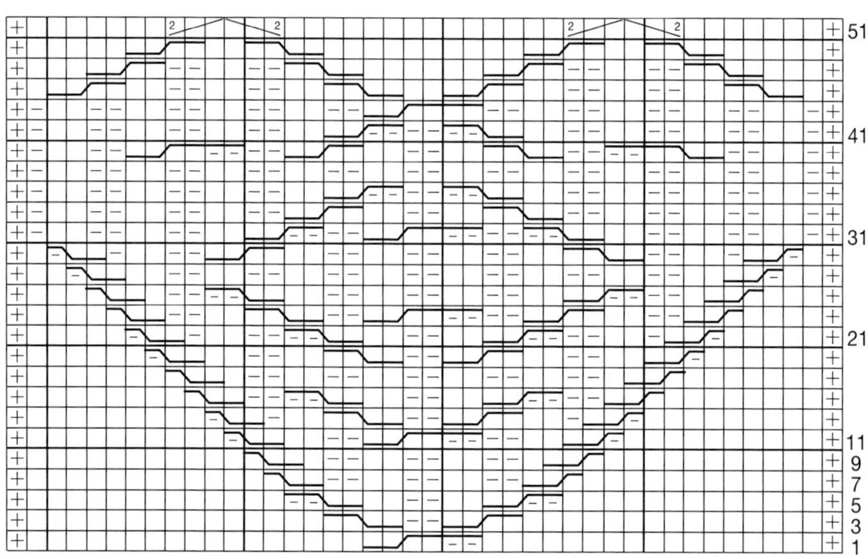

Zeichenerklärung:

 = Randmasche

 = 1 Masche rechts; in Rückreihen links

 = 1 Masche links; in Rückreihen rechts

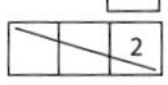 = Herzbogen rechts (siehe Beschreibung oben)

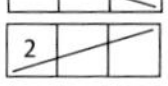 = Herzbogen links (siehe Beschreibung oben)

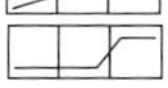 = 3er-Zopf (1 M hinten): 1 Masche auf einer Zopfnadel hinter die Arbeit legen, 2 Maschen rechts, dann die Masche der Zopfnadel rechts; in Rückreihen alle 3 Maschen links

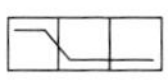 = 3er-Zopf (2 M vorne): 2 Maschen auf einer Zopfnadel vor die Arbeit legen, 1 Masche rechts dann die 2 Maschen der Zopfnadel rechts; in Rückreihen alle 3 Maschen links

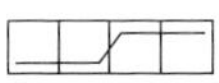 = 4er-Zopf (2 M hinten): 2 Maschen auf einer Zopfnadel hinter die Arbeit legen, 2 Maschen rechts, dann die 2 Maschen der Zopfnadel rechts; in Rückreihen alle 4 Maschen links

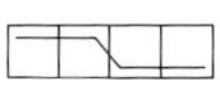 = 4er-Zopf (2 M vorne): 2 Maschen auf einer Zopfnadel vor die Arbeit legen, 2 Maschen rechts dann die 2 Maschen der Zopfnadel rechts; in Rückreihen alle 4Maschen links

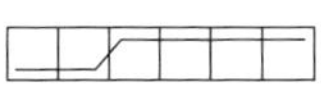 = 6er-Zopf (4 M hinten): 4 Maschen auf einer Zopfnadel hinter die Arbeit legen, 2 Maschen rechts, dann die 4 Maschen der Zopfnadel rechts; in Rückreihen alle 6 Maschen links

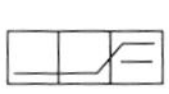 = 3er-Zopf (1 M hinten-2re-1li): 1 Masche auf einer Zopfnadel hinter die Arbeit legen, 2 Maschen rechts, dann die Masche der Zopfnadel links; in Rückreihen 1 Masche rechts, 2 Maschen links

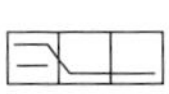 = 3er-Zopf (2 M vorne-1li-2re): 2 Maschen auf einer Zopfnadel vor die Arbeit legen, 1 Masche links, dann die 2 Maschen der Zopfnadel rechts; in Rückreihen 2 Maschen links, 1 Masche rechts

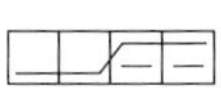 = 4er-Zopf (2 M hinten-2re-2li): 2 Maschen auf einer Zopfnadel hinter die Arbeit, 2 Maschen rechts, dann die 2 Maschen der Zopfnadel links; in Rückreihen 2 Maschen rechts, 2 Maschen links

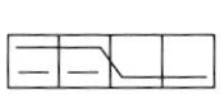 = 4er-Zopf (2 M vorne-2li-2re): 2 Maschen auf einer Zopfnadel vor die Arbeit, 2 Maschen links, dann die 2 Maschen der Zopfnadel rechts; in Rückreihen 2 Maschen links, 2 Maschen rechts

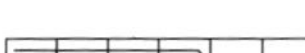

 = 6er-Zopf (2 M vorne-2re-2li-2re): 2 Maschen auf einer Zopfnadel vor die Arbeit legen, 2 Maschen rechts und 2 Maschen links, dann die 2 Maschen der Zopfnadel rechts; in Rückreihen 2 Maschen links, 2 Maschen rechts, 2 Maschen links

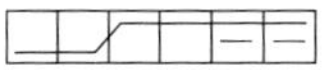 = 6er-Zopf (4 M hinten-2re-2li-2re): 4 Maschen auf einer Zopfnadel hinter die Arbeit legen, 2 Maschen rechts, dann die 4 Maschen der Zopfnadel als 2 Maschen links, 2 Maschen rechts; in Rückreihen 2 Maschen links, 2 Maschen rechts, 2 Maschen links

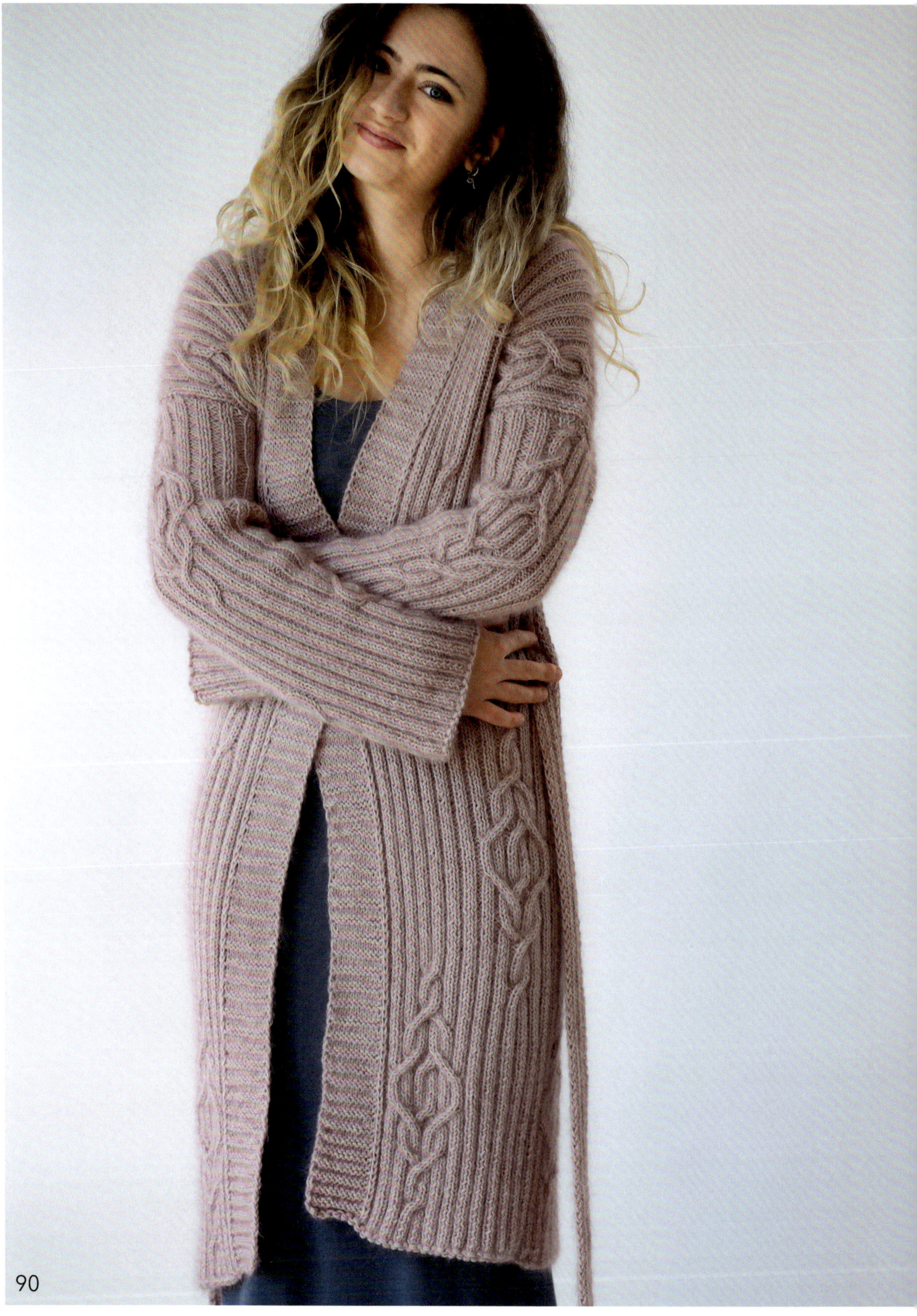

Mantel

Schwierigkeitsgrad: mittel

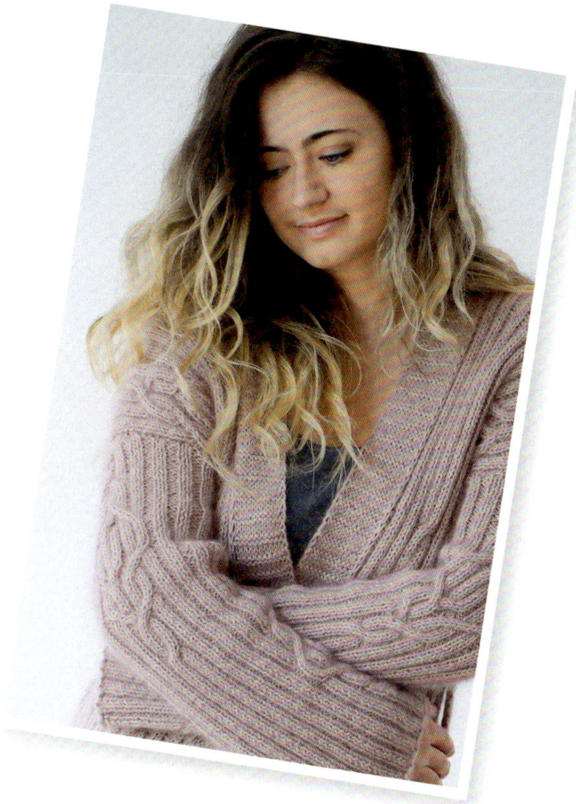

Dieser wunderschöne und edle Mantel mit dem tanzenden Zopf von Seite 35 ist ein absoluter Eyecatcher zum Wohlfühlen. Die Kombination aus Schurwolle mit Mohair-/Seide-Garn ist optisch und haptisch ein wahrer Genuss.

Größe:

36/38, 40/42 und 44/46

Die Angaben für die größeren Größen stehen hintereinander in Klammern. Steht nur eine Angabe, dann gilt diese für alle Größen.

Material:

Lana Grossa Cool Wool (100% Schurwolle Merino, LL = 160 m/50 g): 800 (850/900) g helles Rosenholz (Fb 2010) und Lana Grossa Silkhair (70% Mohair, 30% Seide, LL = 210 m/25 g): 250 (275/300) g Rosenholz (Fb 074); Rundstricknadel in Stärke 5 mm und 6 mm, Zopfnadel.

Muster:

Rippenmuster:

2 M rechts, 2 M links im Wechsel; die Anleitung beschreibt die genaue Einteilung.

Kleines Rippenmuster:

* 1 M rechts, 1 M links; ab * stets wiederholen.

Querrippen:

* 2 R glatt rechts, 2 R glatt links; ab * stets wiederholen.

Tanzender Zopf:

Maschenzahl teilbar durch 24. Nach Strickschrift arbeiten. Es sind die Hinreihen eines Höhenrapportes notiert. Die Maschen sind so bezeichnet, wie sie erscheinen. Die Zeichenerklärung beschreibt, wie sie in der jeweils folgenden Rückreihe gestrickt werden.

In den Hinreihen den Rapport von 24 M 1x von rechts nach links arbeiten. In den Rückreihen die M entsprechend von links nach rechts lesen.

Die 1. - 62. Reihe stets wiederholen, dann das Muster wie in der Anleitung beschrieben neu einteilen.

Tiefgestochene Masche:

In Hinreihen 1 Reihe tiefer unter der M einstechen und rechts abstricken; in Rückreihen ganz normal links abstricken.

Randmasche:

Die 1. und die letzte M jeder R rechts stricken.

Maschenprobe:

23 Maschen und 26 Reihen = 10 cm x 10 cm.

So wird's gemacht:

Alle Teile werden 2-fädig mit jeweils 1 Faden Cool Wool und Silkhair gestrickt.

Rückenteil:
Mit der dünneren Nadel 124 (140/156) M anschlagen und 1 RückR links stricken. Für den Bund 4 (6/8,5) cm = 10 (16/22) Reihen im Rippenmuster stricken, dafür in der 1. HinR nach der RandM mit 2 M links, 2 M rechts beginnen und gegengleich enden.

Dann mit der dickeren Nadel in der 1. Muster-Einteilung weiterarbeiten: RandM, über 0 (4/8) M das Rippenmuster fortsetzen, * 24 M Zopfmuster nach Strickschrift, 24 (28/32) M Rippenmuster fortsetzen; ab * noch 1x wiederholen, 24 Maschen Zopfmuster, 2 (6/10) M Rippenmuster, RandM.
Nach 62 R (= 1 Höhenrapport des Zopfmusters) die Muster versetzen und in der 2. Muster-Einteilung weiterarbeiten: RandM, * 24 (28/32) M Rippenmuster fortsetzen, 24 M Zopfmuster; ab * noch 1 x wiederholen und 26 (34/42) M Rippenmuster fortsetzen, RandM.

Jeweils nach 62 R (= 1 Höhenrapport des Zopfmusters) noch 1x in der 1. Muster-Einteilung und noch 1x in der 2. Muster-Einteilung über jeweils 62 R stricken.
Nach 95 cm und 248 R (= 4x die 1. - 62. R des Zopfmusters) ab Bund alle M locker abketten.

Linkes Vorderteil:
63 (71/79) M mit der dünneren Nadel anschlagen und 1 RückR links stricken. Für den Bund 4 (6/8,5) cm = 10 (16/22) Reihen im Rippenmuster stricken, dafür in der 1. HinR nach der RandM mit 2 M links, 2 M rechts beginnen und bis zu den letzten 12 M stricken (mit 2 M links enden), dann für die Blende zur vorderen Mitte 1 tiefgestochene M (= 1 Reihe tiefer unter der M einstechen und rechts stricken; diese M in der RückR links abstricken), 10 M Querrippenmuster, RandM.

Mit der dickeren Nadel in der 1. Muster-Einteilung weiterarbeiten: RandM, 24 (28/32) M Rippenmuster fortsetzen, 24 M Zopfmuster, 2 (6/10) M Rippenmuster fortsetzen, 12 M Blende wie beschrieben.

Nach 62 R (= 1 Höhenrapport des Zopfmusters) die Muster versetzen und in der 2. Muster-Einteilung weiterarbeiten: RandM beginnen, 24 M Zopfmuster, 26 (34/42) M Rippenmuster fortsetzen, 12 M Blende.

Jeweils nach 62 R (= 1 Höhenrapport des Zopfmusters) noch 1x in der 1. Muster-Einteilung und noch 1x in der 2. Muster-Einteilung über jeweils 62 R stricken.
Nach 95 cm und 248 R (= 4x die 1. - 62. R des Zopfmusters) ab Bund die ersten 51 (59/67) M abketten und über die restlichen 12 M der Blende noch 8,5 cm = 22 R für den rückwärtigen Hals weiterstricken, dabei die tiefgestochene M als RandM stricken. Dann alle M abketten.

Rechtes Vorderteil:
Gegengleich zum linken Vorderteil stricken. Dafür in der 1. HinR mit 1 RandM, 10 M Querrippenmuster, 1 tiefgestochene M, dann Rippenmuster mit 2 M links und 2 M rechts beginnen und mit 2 M links, RandM enden.
Nach dem Bund gegengleich einteilen, also nach der Blende mit dem Zopf beginnen.

Ärmel:
78 (90/102) M mit der dünneren Nadel anschlagen und 1 RückR links stricken. Für den Bund 4 (6/8,5) cm = 10 (16/22) Reihen im Rippenmuster stricken, dafür in der 1. HinR nach der RandM mit 2 M rechts, 2 M links beginnen.

Mit der dickeren Nadel in der 1. Muster-Einteilung weiterarbeiten: RandM, 2 (6/10) M Rippenmuster fortsetzen, 24 M Zopfmuster, 24 (28/32) M Rippenmuster fortsetzen, 24 M Zopfmuster, 2 (6/10) M Rippenmuster fortsetzen, RandM.

Nach 62 R (= 1 Höhenrapport des Zopfmusters) die Muster versetzen und in der 2. Muster-Einteilung weiterarbeiten: RandM beginnen, 26 (30/34) M Rippenmuster fortsetzen, 24 M Zopfmuster, 26 (34/42) M Rippenmuster fortsetzen, RandM.

Nach 47,5 cm = 124 Reihen (= 2 Höhenrapport des Zopfmusters) ab Bund alle M abketten.
Den 2. Ärmel genauso stricken.

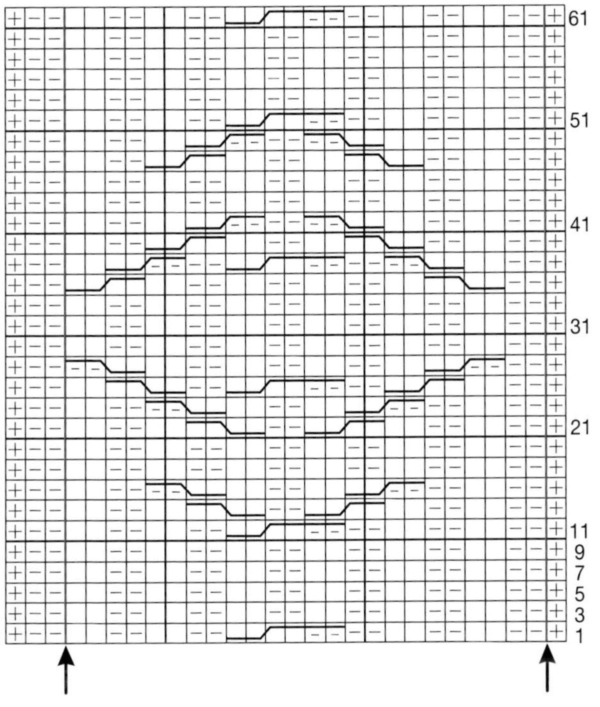

Zeichenerklärung:

= Randmasche

= 1 Masche rechts; in Rückreihen links

= 1 M links; in Rückreihen rechts

= 4er-Zopf (2 M hinten): 2 Maschen auf einer Zopfnadel hinter die Arbeit legen, 2 Maschen rechts, dann die 2 Maschen der Zopfnadel rechts; in Rückreihen alle 4 Maschen links

= 4er-Zopf (2 M vorne): 2 Maschen auf einer Zopfnadel vor die Arbeit legen, 2 Maschen rechts, dann die 2 Maschen der Zopfnadel rechts; in Rückreihen alle 4 Maschen links

= 4er-Zopf (2 M hinten-2re-2li): 2 Maschen auf der Zopfnadel hinter die Arbeit legen, 2 Maschen rechts, dann die 2 Maschen der Zopfnadel links; in Rückreihen 2 Maschen rechts, 2 M links

= 4er-Zopf (2 M vorne-2li-2re): 2 Maschen auf der Zopfnadel vor die Arbeit, 2 Maschen links, dann die 2 Maschen der Zopfnadel rechts; in Rückreihen 2 Maschen links, 2 Maschen rechts

= 6er-Zopf (4 M hinten-2re-2li-2re): 4 Maschen auf einer Zopfnadel hinter die Arbeit legen, 2 Maschen rechts, dann die 4 Maschen der Zopfnadel: 2 Maschen links, 2 Maschen rechts; in Rückreihen 2 Maschen links, 2 Maschen rechts, 2 Maschen links

Fertigstellung:
Die Schulternähte schließen. Die Abkettkanten der Blendenteile zusammennähen und die Blende an den rückwärtigen Hals nähen. Die Ärmel einsetzen, dann die Ärmel- und Seitennähte schließen.

Für den Gürtel 12 M anschlagen und über 200 cm in folgender Einteilung stricken: RandM, 10 M Rippenmuster, RandM. Dann alle M abketten. Für die Gürtelschlaufen 6 M anschlagen und 10 cm in folgender Einteilung stricken: RandM, 4 M kleines Rippenmuster, RandM. Dann alle M abketten. Insgesamt 2 Gürtelschlaufen arbeiten und an beiden Seiten des Mantels annähen.

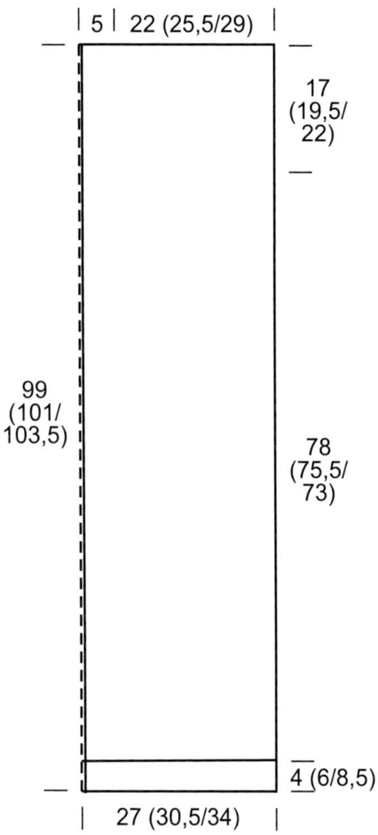

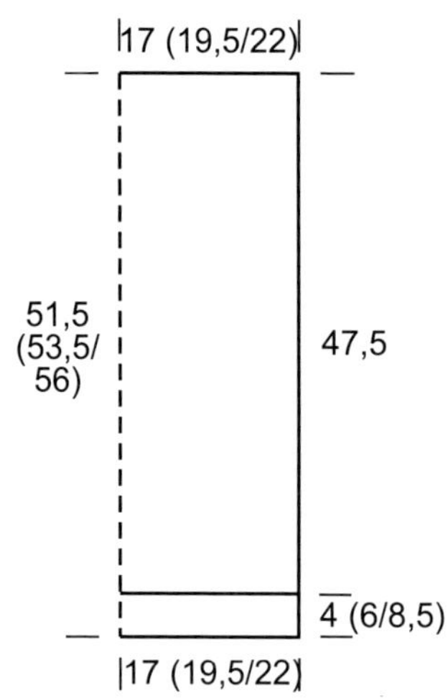

Ebenfalls erhältlich ...

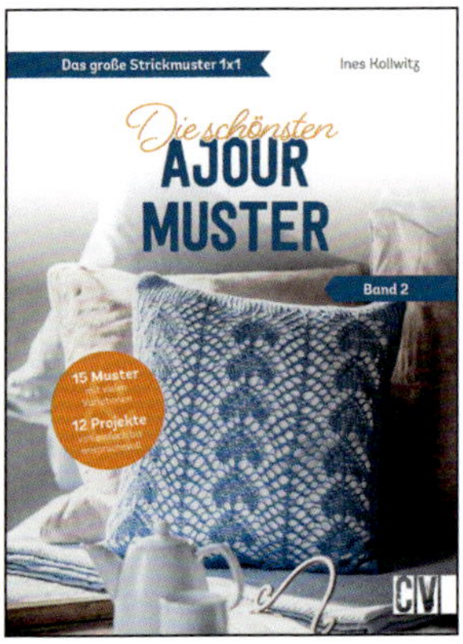

ISBN 978-3-8410-6623-7

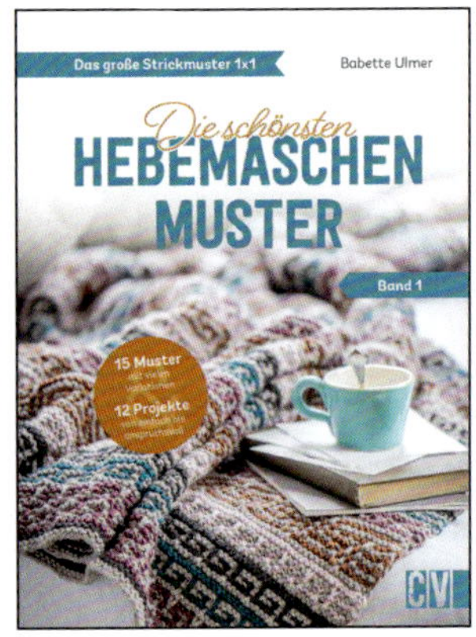

ISBN 978-3-8410-6640-4

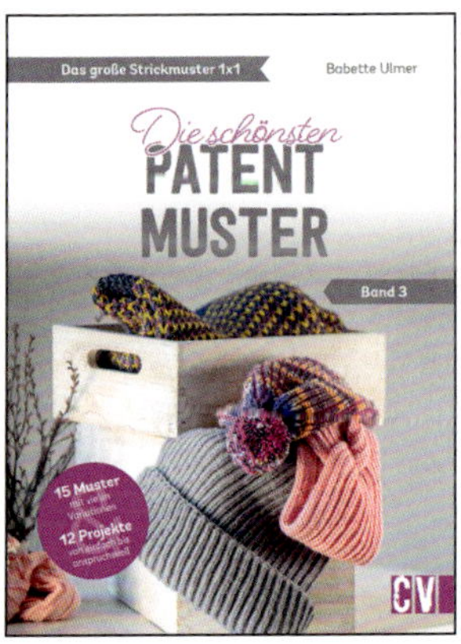

ISBN 978-3-8410-6671-8

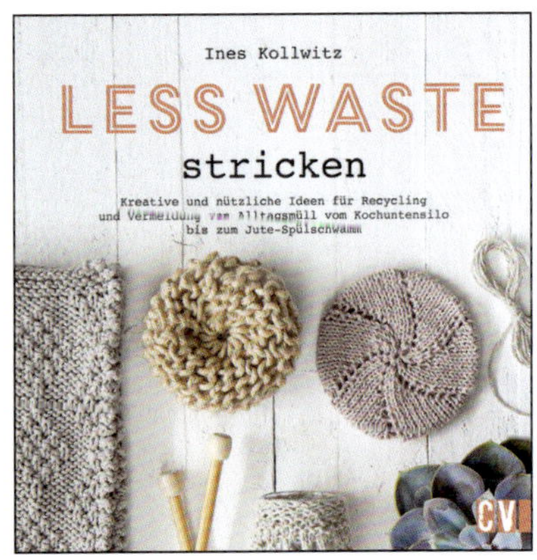

ISBN 978-3-8410-6618-3

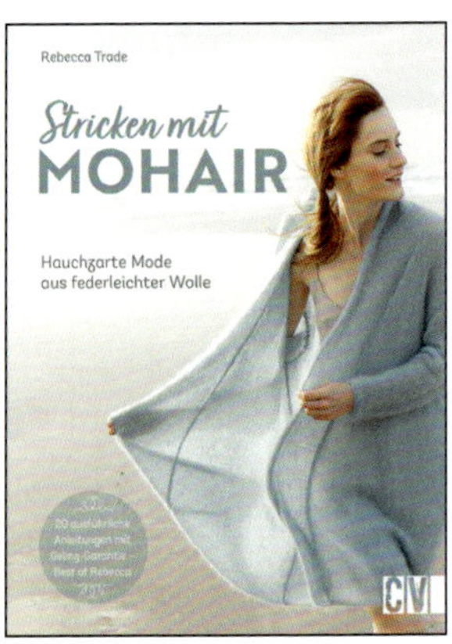

ISBN 978-3-8410-6632-9

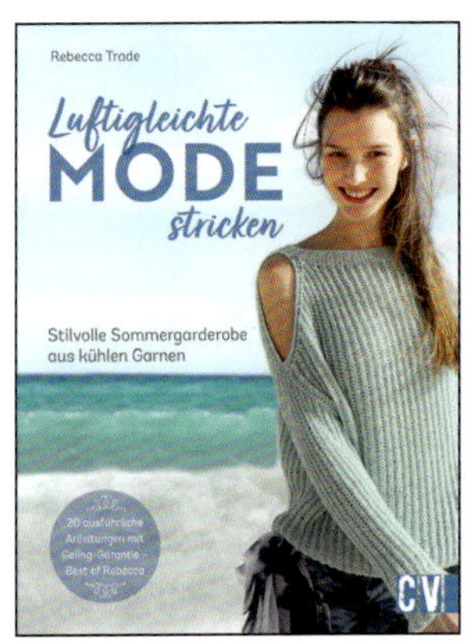

ISBN 978-3-8410-6633-6

www.christophorus-verlag.de

Impressum

Autorin: Ursula & Melanie Marxer
Realisation: Helgrid van Impelen
Fotos & Styling: Anne Schulz
Produktmanagement extern:
Stephanie van der Linden
Lektorat: Stephanie van der Linden
Korrektorat: Anna Maier
Umschlaggestaltung: Regina Degenkolbe
Layout-Konzept und Satz: Ina Mielkau
Repro: LUDWIG:media
Herstellung: Kathleen Baumann
Printed in Slovakia by Neografia

★★★★★

Sind Sie mit diesem Titel zufrieden? Dann würden wir uns über Ihre Weiterempfehlung freuen. Erzählen Sie es im Freundeskreis, berichten Sie Ihrem Buchhändler oder bewerten Sie beim Onlinekauf.
Und wenn Sie Kritik, Korrekturen oder Aktualisierungen haben, freuen wir uns über Ihre Nachricht an Christophorus Verlag, Postfach 40 02 09, 80702 München oder per E-Mail an lektorat@verlagshaus.de.

Unser komplettes Programm finden Sie unter

www.christophorus-verlag.de

Wir danken unseren fleißigen Strickerinnen für ihren tollen Einsatz: Christa Backfisch, Gabriele Dilger, Hannelore Sohn, Ludmilla Siegwart, Stefanie Hager, Stephanie Sokoli

Wir danken folgenden Hersteller & Sponsoren: Addi Nadeln https://www.addi.de/; Buttinette, HYPERLINK "http://www.buttinette.de" www.buttinette.de; Junghans-Wolle https://www.junghanswolle.de/, Lana Grossa https://www.lana-grossa.de/; Lang Yarns https://www.langyarnswolle.de/; Prym https://www.prym.de/; ONline https://www.online-garne.de/

Die Deutsche Nationalbibliothek verzeichnet diese Publikation in der Deutschen Nationalbibliografie; detaillierte bibliografische Daten sind im Internet über http://dnb.d-nb.de abrufbar.

Infanteriestraße 11a
D 80797 München

ISBN 978-3-8410-6670-1

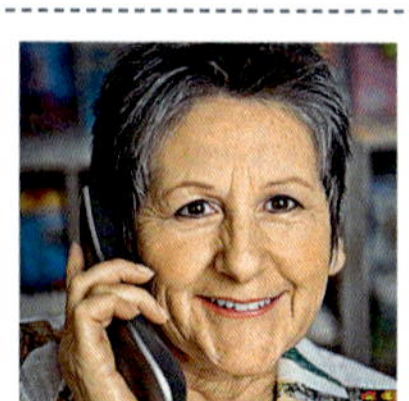

Kreativ-Service

Sie haben Fragen zu den Büchern und Materialien? Frau Erika Noll ist für Sie da und berät Sie rund um alle Kreativthemen. Rufen Sie an! Wir interessieren uns auch für Ihre eigenen Ideen und Anregungen. Sie erreichen Frau Noll per E-Mail: **kreativ-service@c-verlag.de** oder Tel.: **+49 (89) - 13 06 99-577.**

 Besuchen Sie uns im Internet: www.christophorus-verlag.de